Collection **guides marabout**

D1146803

Illustrations : Marc Bruyninx.

© 1990, **Marabout,** Alleur (Belgique)

Nathalie PACOUT

Guide des
premiers soins

Sommaire

MÉMENTO

Pour les avoir toujours sous la main, notez ici les numéros de téléphone de:

— *Médecin traitant* ....
— *Pédiatre* ....
— *Infirmières* ....
— *Spécialistes* ....

    ....

    ....

    ....

Pour les urgences, cherchez les numéros de téléphone des organismes suivants (vous les trouverez dans les pages de l'annuaire ou à votre mairie) et recopiez-les ci-dessous.

— *Pompiers* ....
— *Samu* ....
— *Police* ....
— *Hôpital* ....
— *Médecins de garde* ....
— *SOS Médecins* ....
— *SOS Infirmières* ....
— *Centre anti-poison* ....

RENSEIGNEMENTS ADMINISTRATIFS

— *Mairie* ....

— *Service social* ....

— *Préfecture* ....

TAXIS ET AMBULANCES

....

....

....

LES NUMÉROS ESSENTIELS

En France   : *pompiers*: 18
               police: 17
               Samu: 15 (ce numéro ne fonctionne pour
               l'instant que dans 43 départements et ne
               sera généralisé qu'en 1991)

En Suisse   : *pompiers*: 118
               police: 117
               service médical d'urgence: 144

En Belgique : *pompiers et urgences*: 100
               police: 101

Au Québec   : un seul numéro regroupe les trois services:
               911

INTRODUCTION

Lorsqu'un enfant tombe et se blesse, qu'il avale un produit dangereux, qu'il reçoit accidentellement les braises du barbecue, quand une personne âgée se casse le col du fémur ou que l'on est témoin d'un accident de voiture laissant des blessés sur le bord de la route, on se sent souvent saisi par l'affolement, bouleversé, désemparé, voire dégoûté par le sang. Le premier réflexe est de courir appeler les pompiers, le Samu ou la police. Un réflexe très important mais insuffisant car, en attendant les secours, vous vous trouvez avec la ou les personnes en face de vous, ne sachant pas, la plupart du temps, que faire. Et pourtant, bien savoir effectuer quelques gestes efficaces, rapidement, pourrait sûrement sauver de nombreuses vies.

D'autre part, pris à la gorge par la panique, il est possible que vous appeliez le Samu ou les pompiers pour rien, alors que vous pourriez parfois, seul, stopper les dégâts, puis emmener vous-même le blessé chez un médecin ou un pharmacien. Toutefois, le docteur Bodiou, un des responsables du Samu, notamment en ce qui concerne les enfants (Smur pédiatrique), déclare: «Dès qu'il y a une inquiétude grave, il ne faut pas hésiter à appeler le Samu. En effet, il vaut mieux en avoir le coeur net ». Donc, n'hésitez pas à appeler les secours si vous vous sentez dépassé par les événements.

Il existe déjà, en librairie, quelques ouvrages sur ce thème. Mais la plupart sont tellement complets, tellement riches et parfois même compliqués à l'extrême, qu'ils ne sont pas toujours faciles à utiliser lorsque l'occasion se présente, c'est-à-dire, obligatoirement, en cas d'urgence. C'est pourquoi nous avons voulu que ce guide soit avant tout pratique, clair et simple à utiliser. Dans cette optique, nous avons donc choisi l'option de l'abécédaire. Chaque fois que vous aurez à faire face à un problème médical urgent, vous chercherez le problème en question par ordre alphabétique. Par exemple, si votre enfant, animé par sa curiosité naturelle, avale un peu de produit à vaisselle, vous regarderez à *E* comme *Empoisonnement*. S'il se fait mordre par le chien du voisin, vous regarderez à *M* comme *Morsures d'animaux*. Si vous, Monsieur, vous blessez en bricolant et vous envoyez un copeau de bois dans l'oeil, vous regarderez à *C* comme *Corps étrangers*. Si vous, Madame, vous ébouillantez avec votre friteuse, vous regarderez à *B* comme *Brûlures*. S'il existe deux mots décrivant le même mal, vous trouverez tout aussi facilement : si vous cherchez à *Bleu* par exemple, vous serez renvoyé au mot *Ecchymose*.

Mais avant l'abécédaire, lisez scrupuleusement les deux premières parties de ce guide, vous saurez ainsi ce qu'il faut avoir dans votre armoire à pharmacie familiale pour parer à toutes les éventualités et saurez également, à l'avance, comment identifier le type d'urgence auquel vous serez peut-être confronté, comment prévenir les secours et que faire, en premier lieu, en attendant qu'ils arrivent.

I

L'ARMOIRE À PHARMACIE

IDÉALE

Avoir une armoire à pharmacie, intelligemment garnie, est une nécessité absolue dans tous les foyers. Il ne s'agit pas d'avoir une cargaison de médicaments propres à concurrencer la pharmacie d'à côté, mais d'avoir, sous la main, quelques produits simples à manier, efficaces, afin de pouvoir affronter toutes les situations.

Avant d'établir la liste de ce que vous devez avoir chez vous, en permanence, rappelez-vous ces deux conseils importants :

• **Au moins une fois par an, faites un inventaire complet du contenu de votre armoire à pharmacie** et jetez impitoyablement les médicaments dont la date de péremption est dépassée, ainsi que ceux dont vous ne savez plus à quoi ils servent. Quant aux médicaments délivrés sur ordonnance, par exemple les antibiotiques, ne vous risquez pas à les garder dans le but d'une automédication future. Si un jour, vous êtes de nouveau malade, ce n'est pas vous qui serez apte à juger si le produit que vous avez en réserve convient pour soigner ce dont vous souffrez. Donc, la meilleure solution est de les donner à une association spécialisée qui les enverra dans les pays du Tiers Monde et partout où la pénurie de médicaments est dramatique.

• **Mettez votre armoire à pharmacie dans un endroit inaccessible à vos enfants.** Placez-la en hauteur ou, mieux, fermez-la à clé. Vous n'imaginez pas à quel point les jeunes enfants sont friands de ces petits « bonbons » de toutes les couleurs, et combien de cas d'empoisonnement sont enregistrés chaque année...

ASSOCIATION « PHARMACIENS SANS FRONTIERES »

4, voie militaire des Gavranches
63000 Clermont-Ferrand
Tél. 73.90.81.34
Si vous habitez cette région, vous pouvez leur porter les médicaments dont vous désirez vous débarrasser. Sinon, donnez-les à votre pharmacien habituel qui les leur transmettra.

Les médicaments de base

Voici la liste des produits qui doivent figurer dans votre armoire à pharmacie.

• **Contre la fièvre et la douleur** (maux de tête etc.): *aspirine* ou *paracétamol* pour adultes et enfants. Attention: ne donnez jamais d'aspirine à quelqu'un qui saigne (lors des règles notamment), aux personnes souffrant d'ennuis gastriques, ou à celles prenant un médicament anticoagulant.

• **Contre les légers maux d'estomac et les indigestions:** achetez les cachets que vous conseillera votre pharmacien.

• **Contre les diarrhées:** procurez-vous le bon vieux charbon que nos grands-mères utilisaient déjà.

• **Contre les rhumes et les maux de gorge:** achetez les médicaments au fur et à mesure de vos besoins, en demandant conseil à votre pharmacien.

• **Contre la toux:** ayez un sirop en permanence, et ne le prenez que si votre toux est sèche et fatigante. Car les toux dites «grasses» permettent d'évacuer ce qui encombre les poumons. Toutefois, une simple infusion, bien sucrée avec du miel, adoucit également les toux rebelles.

• **Pour soigner les plaies:** après avoir lavé la plaie à l'eau du robinet ou, si vous êtes loin de tout, avec de l'eau bouillie, désinfectez-la en utilisant de préférence un produit qui ne pique pas, comme l'*Hexomédine transcutanée* ou le *Mercryl Laurylée*. Pour le visage, préférez le *Céquartyl* liquide (qui est le produit également utilisé pour les personnes atteintes du Sida). L'alcool iodé ou à 60°, ou l'eau oxygénée, sont aussi très utiles. Avant de panser la plaie, il est indispensable de la sécher. Le mieux pour cela est de prendre un séchoir à cheveux réglé sur le tiède, car ainsi on est sûr de ne pas transmettre de microbes (c'est un truc de gynécologue), ou encore d'utiliser des compresses stériles.

• **Contre les hématomes :** achetez une pommade spéciale.

• **Contre les courbatures et les douleurs musculaires :** l'un des produits les plus efficaces est le *Lao-Dal*.

• **Contre les boutons et les blessures infectées :** toujours sur les conseils avisés de votre pharmacien, procurez-vous une pommade antiseptique.

• **Contre les piqûres d'insectes :** idem ci-dessus.

• **Contre les brûlures :** idem ci-dessus.

• **Pour désinfecter les instruments souillés :** de l'alcool à 90°.

Pour tous les autres maux et maladies, votre médecin traitant vous fera une ordonnance selon ce dont vous souffrez.

Le matériel pour les premiers secours

La solution la plus pratique est de rassembler tous les instruments et accessoires suivants dans une boîte que vous rangerez dans votre armoire à pharmacie, ou ailleurs, mais de toute façon hors de portée des enfants. Dans la maison, tous les membres de la famille, en âge de porter des soins, doivent savoir où elle se trouve. **Une boîte comme celle-ci n'a d'intérêt que si elle est toujours complète.** Aussi, dès que l'un des éléments vient à manquer, remplacez-le le plus vite possible. Si vous avez ouvert un paquet contenant des compresses stériles et n'en avez utilisé qu'une, jetez le reste du paquet car il n'est plus stérile.

- *Un thermomètre.*
- *Des ciseaux.*
- *Des gants jetables.*
- *Du coton hydrophile.*
- *Des compresses stériles* (20x20mm) et un *rouleau de gaze.*
- *Des pansements* adhésifs micropores de différentes tailles en n'oubliant pas de les choisir le plus petit possible par rapport à la plaie qu'ils doivent recouvrir.
- *Du sparadrap.*
- *Des bandes Velpeau* (de 5x5cm et de 5x8cm).
- *Des épingles de sûreté.*
- *Une pince à épiler.*
- *Un tube doigtier* en cas de doigt cassé.
- *Des mouchoirs en papier*
- *Un séchoir à cheveux (facultatif).*

Les médicaments à éviter

• **Ne pas réutiliser, de son propre chef, des médicaments qui ont été prescrits, sur ordonnance,** par un médecin, fait partie de l'élémentaire prudence. En effet, comme nous l'avons déjà signalé plus haut, ce n'est pas à vous d'établir votre propre diagnostic en cas de maladie : rien ne prouve que l'antibiotique qui vous avait bien réussi une première fois, soit adapté à ce que vous avez aujourd'hui. De plus, pour être efficace, un traitement aux antibiotiques (comme tous les traitements d'ailleurs), doit être scrupuleusement suivi jusqu'à la fin de la prescription médicale. Si bien que dans votre armoire à pharmacie, les médicaments qui vous restent d'un précédent traitement doivent sûrement être en quantité insuffisante pour agir pendant la durée nécessaire à votre guérison, tout en évitant la récidive.

• **Il faut également faire attention aux produits colorés.** Par exemple *l'Eosine,* vendue sans ordonnance en pharmacie, qui est utilisée pour soigner quelques affections dermatologiques, ne doit être utilisée que si elle vous est prescrite par votre médecin traitant, car elle ne soigne pas tous les problèmes dermatologiques. De même que le *mercurochrome,* dont la couleur rouge vif couronne magnifiquement les genoux des enfants : il désinfecte et assèche effectivement les blessures mais n'a néanmoins aucun pouvoir antibactérien.

• **Quant aux autres désinfectants,** évitez *l'alcool à 90°* car c'est un produit très puissant (qui pique beaucoup...) et qui peut s'avérer irritant pour la peau. Préférez-lui *l'alcool à 60°* qui est moins volatile et protège plus longtemps les plaies contre les infections. C'est celui que, dans les services hospitaliers qui s'occupent des personnes atteintes du sida, les infirmières se passent sur les mains, d'une part pour se protéger elles-mêmes, mais aussi pour ne pas risquer de contaminer leurs malades.

• **Pour faire un pansement,** il faut éviter tout ce qui comprime ou enferme la plaie : la compression empêche une bonne cicatrisation (pansements occlusifs) et le manque d'air entraîne une macération de la plaie, d'où la possibilité de réinfection (tels la biogaze, un tulle gras extrêmement fin qui empêche la plaie de respirer, et les doigtiers protecteurs). C'est pourquoi les pansements microporeux sont les mieux adaptés car ils laissent la plaie respirer et facilitent la cicatrisation.

• **Pour ce qui est des pommades,** évitez celles aux antibiotiques (qui ne sont pas idéales pour soigner une infection), les pommades anesthésiantes contre la douleur (qui n'ont qu'un effet très bref) et les crèmes vitaminées (style *Mitosyl*) qui ne sont utiles que pour les fesses des bébés mais ne servent pas à grand chose pour les adultes.

Les produits dangereux

• Après une dépression grave, vous avez peut-être gardé chez vous des **hypnotiques majeurs** (inscrits au tableau A et B); il faut vous en débarrasser au plus vite. Ne vous dites pas qu'en cas de petite crise d'angoisse un de ces médicaments saura vous soulager. Si vous êtes sujet à ce genre de mini-rechutes, demandez plutôt à votre médecin habituel qu'il vous prescrive quelque chose de plus doux, comme du *Témesta 1 mg* ou du *Tranxène 5*. Ce sont des tranquillisants légers qui peuvent très bien enrayer une petite crise d'angoisse. Mais attention, **jamais d'alcool avec ce type de médicaments.**

• Un autre produit peut être dangereux sous ses airs inoffensifs, surtout si vous en abusez : ce sont **les pommades dermatologiques à la cortisone.** Elles sont très puissantes et peuvent avoir des effets secondaires si vous ne les utilisez pas selon la prescription exacte de votre médecin.

• Enfin, peut-être n'est-il pas inutile de préciser qu'**aucun produit, lié au ménage ou au bricolage, n'a sa place dans l'armoire à pharmacie** (mort aux rats, acide chlorhydrique, bombe anti-moustiques, acide fluorhydrique, décapant, soude caustique, produit pour déboucher les éviers, essence de térébenthine, pétrole, alcool à brûler etc.)

Cela peut sembler inutile de rappeler ces mesures de sécurité, mais interrogez les services médicaux d'urgence et vous verrez que ça ne l'est pas tant que cela...

Quand vous partez en vacances

Nul besoin de vous surcharger de médicaments inutiles, ceux de première nécessité sont amplement suffisants. Si vous emportez des médicaments que vous aviez déjà dans votre armoire à pharmacie, vérifiez bien leur date de validité et les doses à administrer (le mieux est encore de les inscrire sur les boîtes).

• **Contre la fièvre et les douleurs :** l'*aspirine* ou le *paracétamol* sont très efficaces contre les douleurs articulaires, musculaires ou dentaires, les maux de tête et la fièvre qui accompagne les états grippaux.

• **Contre les nausées et le mal de cœur** dus aux transports, prévoyez de la *Dramamine* ou de la *Nautamine* : ces antinauséeux se prennent, de façon préventive, avant un voyage en voiture, en bateau ou en avion.

• **Contre les diarrhées** dues à une intoxication alimentaire (bactérienne ou virale), des antiseptiques intestinaux doivent les faire disparaître en trois ou quatre jours. Cette prise de médicaments doit être accompagnée d'un régime à base de riz, de carottes et de pommes. Si les diarrhées persistent, il faut consulter d'urgence un médecin.

• **Les tranquillisants :** si vous en prenez, il faut respecter les prescriptions de votre médecin traitant. Ne stoppez en aucun cas le traitement, même si les vacances procurent détente et apaisement. Un arrêt brutal peut, en effet, provoquer des bouffées d'angoisse et une sensation de manque. Mieux vaut diminuer progressivement les doses.

• **Les pommades:** elles sont de quatre sortes:

Les écrans solaires: choisissez des produits de bonne qualité et prévoyez un écran total pour les bébés, les jeunes enfants et les peaux particulièrement sensibles. Vous utiliserez une crème indice 8 puis, petit à petit, indice 6. Protégez surtout les épaules et le visage et, si vous êtes amateur de bronzage intégral, les seins et les fesses.

Les crèmes hydratantes: du lait adoucissant après soleil, du beurre de cacao pour les lèvres (surtout à la montagne) et une crème hydratante ordinaire.

Les antimoustiques: ils sont de deux sortes. Les préventifs, pour éloigner les moustiques (le plus efficace est l'essence de citronnelle). On peut aussi prévoir des petites tablettes spéciales à poser sur des prises de courant (à condition qu'il y ait l'électricité là où vous allez...). Et puis, il y a les curatifs qui soulagent et évitent les démangeaisons en cas de piqûres. *(Eurax, Parfénac* ou *Dermaspray).* Ces produits sont également indiqués pour calmer les piqûres d'autres insectes.

Contre les brûlures, utiliser de l'*Olical.* En cas de brûlure importante, consultez un médecin (et voyez page 51).

• **Les petits produits:** prenez de quoi faire un pansement propre (compresses, coton, sparadrap, bandes Velpeau), un désinfectant sans alcool (eau oxygénée, *Mercryl Laurylé* ou *Dermaspray*), une pince à épiler, des petits ciseaux et un thermomètre.

• **Si vous allez dans une région à vipères,** vous pouvez emporter un sérum antivenimeux *Mérieux,* à condition de bien respecter les indications.

Avant de partir ou en arrivant sur les lieux de vos vacances, renseignez-vous sur les structures médicales de la région (médecin, dentiste, hôpital).

• **Les personnes sujettes aux allergies** doivent se faire prescrire du Soludécadron (on l'injecte en cas de choc grave avec perte de connaissance).

• Ne vous chargez pas de médicaments contre les rhumes, la grippe, les angines et autres maladies courantes, il serait bien étonnant que vous ne puissiez trouver, sur place, le traitement approprié.

Si vous partez sous les Tropiques

En plus de la pharmacie de base, prévoyez quelques produits spécifiques des pays chauds.

• Des antiseptiques intestinaux et des antidiarrhéiques.

• Des antipaludéens (*Nivaquine*).

• Des sachets de réhydratation (en vente en pharmacie), surtout si vous partez avec des enfants.

• Des comprimés pour éventuellement désinfecter l'eau.

• **Si vous êtes en cours de traitement,** prenez la quantité suffisante de médicaments, selon la durée de votre séjour, mais prenez également votre ordonnance pour le cas où vous les perdriez. Emportez les médicaments sous leur emballage d'origine, avec le mode d'emploi. Evitez les suppositoires (qui fondent), les produits à base d'éther et d'alcool (qui s'évaporent), les conditionnements en verre (qui cassent) et les sirops (qui collent...).

II

En cas d'urgence

LES TOUT PREMIERS GESTES

———————

Et voilà, cela devait arriver un jour ou l'autre, vous voici confronté à l'incident, l'accident ou le problème qui vous met face à vous-même, à vos capacités de réactions rapides, votre sang-froid et votre savoir-faire. L'incident vient de se produire, que devez-vous faire?

Identifier le type d'urgence

• **La toute première chose à faire est de vous protéger, vous et le blessé, de ce qui est à l'origine de la blessure.** Par exemple, débrancher l'appareil responsable. Ou vous éloigner du bord de la route s'il s'agit d'un accidenté. Dans ce cas, ne déplacez le blessé qu'en cas d'urgence absolue, de même que pour le soustraire des flammes en cas d'incendie. Il faut alors vous y prendre avec la plus extrême délicatesse. En effet, dans la mesure du possible, il ne faut pas bouger un blessé, surtout s'il est atteint à la tête, à la colonne vertébrale ou si vous pensez qu'il a une fracture.

• **Vérifiez ensuite les fonctions vitales du blessé:** la respiration (veillez à ce que rien ne l'empêche de respirer) et le cœur (ne pratiquez de massage cardiaque qu'en cas de nécessité absolue, si le cœur ne bat vraiment plus. Normalement, ce geste est réservé aux médecins). S'il a une hémorragie, voyez rapidement dans l'abécédaire comment la stopper. De même pour les blessures graves.

La position latérale de sécurité

• Si le blessé a perdu connaissance, mettez-le dans ce que l'on appelle la position latérale de sécurité qui empêchera sa langue, un écoulement de sang dans la gorge ou des vomissements de l'étouffer. Grâce à cette position, tout s'écoulera par la bouche.

Cette position est simple : à genoux devant le blessé, du côté où vous voulez le tourner, commencez par lui tourner doucement la tête vers vous. Ensuite, placez le bras qui est de votre côté le long de son corps, avec la main sous ses fesses, et l'autre bras replié sur sa poitrine. Puis, croisez la jambe du blessé la plus éloignée de vous sur celle qui est de votre côté, au niveau des chevilles. Enfin, tournez-le délicatement en passant une main sous sa tête pour la soutenir, et l'autre agrippée à ses vêtements, au niveau de sa hanche : ce geste vous aidera à mettre le blessé sur le côté, tout en soutenant son corps avec votre genou pour qu'il ne roule pas. Repliez la jambe et le bras extérieurs pour que le blessé soit maintenu. Vous n'aurez plus qu'à dégager doucement son autre bras, le long de son corps (voir croquis).

POSITION LATÉRALE DE SÉCURITÉ

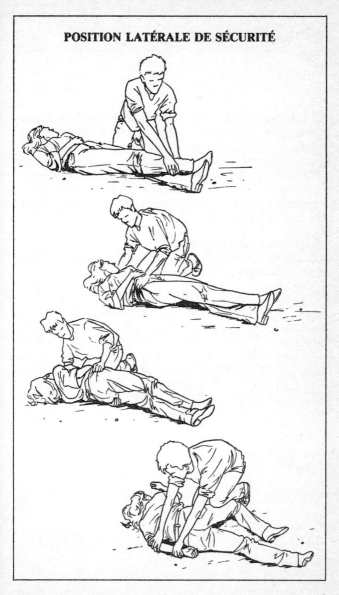

Appeler les secours

• **Si vous êtes sur une petite route départementale ou même en rase campagne,** après avoir fait les vérifications et pris les précautions indispensables, quant au blessé, mentionnées dans le paragraphe précédent, essayez de trouver une habitation, un village ou une cabine téléphonique pour appeler les secours. Vous avez le choix entre **la Police** (17), **les pompiers** (18) ou un **service médical d'urgence** (15 dans certains départements).

• **Si l'accident s'est produit chez vous,** appelez les mêmes numéros ou compulsez votre précieux mémento que vous aurez, bien entendu, pris soin de remplir au préalable.

• Donnez le numéro de téléphone et l'adresse d'où vous appelez (si par hasard vous étiez coupés) et indiquez très précisément l'endroit où se trouve le blessé. Racontez brièvement les circonstances de l'accident et décrivez l'état de gravité des blessures. **Soyez bref, précis, calme et assurez-vous, avant de raccrocher, que la personne à qui vous parliez a bien tout compris.**Les secours vont arriver le plus rapidement possible, retournez alors auprès de « votre » blessé.

Attendre que les secours arrivent

• Quand vous serez de nouveau aux côtés du blessé observez-le bien et **notez toute évolution** qui aura pu modifier son état pendant que vous étiez parti téléphoner.

S'il n'a pas perdu connaissance et qu'il peut parler, notez tout ce qu'il dit pour pouvoir le signaler ensuite au service médical d'urgence.

• **S'il fait frais ou froid,** mettez sur lui, si possible, une couverture, après avoir détaché ses vêtements qui pourraient le gêner ou l'étouffer (au cou, à la poitrine et à la taille notamment).

• **S'il y a une blessure apparente**, ne touchez à rien. De même, si vous secourez un motard accidenté, n'essayez pas de lui enlever son casque.

• Enfin, **ne lui donnez rien à boire, à manger ou à fumer.** D'une part les boissons (notamment chaudes ou alcoolisées) font affluer le sang sous la peau et au niveau de l'estomac, en en privant, par la même occasion, le coeur et le cerveau. De plus, lorsque les secours arriveront, ils emmèneront le blessé à l'hôpital le plus proche et il n'est pas du tout exclu qu'on doive l'anesthésier pour l'opérer et ceci se fait le ventre complètement vide, pour éviter les vomissements en cours d'opération...

Couvrez-vous aussi et attendez patiemment.

III

De A à Z

TOUS LES TRUCS À

CONNAÎTRE

————————

A

Accident vasculaire cérébral

Il s'agit, le plus souvent, d'un petit écoulement de sang dans la tête dû à la rupture, ou simplement la fissure, d'un vaisseau ou d'une veine. Ces accidents arrivent généralement aux personnes qui souffrent depuis longtemps d'hypertension.

• Selon la zone où a lieu l'hémorragie et son importance, **les symptômes** sont différents. S'il s'agit d'une petite alerte, l'accident vasculaire cérébral se traduira par de forts maux de tête, une confusion générale, des troubles moteurs, de l'anxiété, voire une paralysie du coin de la bouche ou de l'un des membres. Si c'est plus grave, la perte de connaissance est pratiquement instantanée. Dans un cas comme dans l'autre, il faut avertir immédiatement les urgences.

• **En attendant les secours**, allongez le malade et vérifiez, s'il est tombé brusquement, qu'il ne s'est rien cassé. S'il a perdu connaissance, mettez-le dans la position latérale de sécurité (voir page 27). Surveillez sa respiration et son pouls régulièrement et couvrez-le pour qu'il n'attrape pas froid. Attention : ne lui donnez surtout pas à boire, même un verre d'eau.

Accouchement surprise

Evidemment, pour de nombreuses raisons, il vaut bien mieux qu'un accouchement ait lieu à l'hôpital ou dans une clinique. Hélas, la nature est parfois imprévisible, et vous pouvez très bien, un jour, être amené à jouer à la fois le rôle de sage-femme et celui d'obstétricien. Surtout si vous êtes éloigné de tout ou vivez dans un pays en voie de développement. Mais après tout, n'est-ce pas l'un des gestes les plus naturels et émouvants du monde que d'aider à donner la vie? Et puis, dans la majorité des cas, tout se passe bien. Alors, vous êtes prêt?

• Glissez sous la future maman **une alèze imperméable** ou des journaux, recouverts d'un drap, sur le lit, le sol ou toute surface plane (les grandes tables de ferme sont parfaites car elles vous permettent d'œuvrer tout en étant à la bonne hauteur). Dites à la jeune femme de s'allonger dessus, sur le dos ou sur le côté, selon la position qui lui est la plus confortable.

• **Lavez-vous longuement les mains** avec du savon ou, mieux, avec un savon antiseptique, sans oublier de vous brosser soigneusement les ongles. Ne vous essuyez pas avec un torchon (sauf si une tierce personne est présente pour vous le tenir) et ne touchez plus à rien. A rien du tout. Si vous êtes obligé de le faire, relavez-vous les mains ensuite.

• **Lorsque les contractions se rapprochent nettement,** demandez à la future maman de plier les genoux et d'écarter les cuisses, vous verrez très vite apparaître le sommet du crâne du nouveau-né.

• Dès ce moment-là, demandez à la parturiente de garder tout son sang-froid et d'**arrêter de pousser** pour que le bébé ne sorte pas trop vite. Mettez simplement vos mains en coupe pour accueillir la petite tête.

• **Une fois que la tête est sortie**, conservez les mains comme elles étaient et **ne tirez surtout pas**. Le bébé doit sortir tout seul, grâce aux contractions. Si vous apercevez que le cordon ombilical étrangle le cou du bébé, dégagez-le très délicatement en le passant par dessus la tête; attention, la maman ne doit pas pousser pendant ce temps-là. Lorsque cela est fait, dès la contraction suivante, les épaules vont apparaître et tout le petit corps suivra.

• **Il est né!** Prenez-le sous les aisselles et allongez-le sur le ventre de sa mère, la tête vers le bas, afin que les mucosités coulent de sa bouche et de son nez. Il n'est pas encore nécessaire de couper le cordon (mais attention à ne pas tirer dessus...). **Couvrez la mère et l'enfant.**

• Il est temps de vous occuper du nouveau petit arrivant dans notre monde. Son tout premier souci est de déchiffonner ses minuscules poumons en les remplissant d'air pour la première fois. Pour l'aider un peu, avec votre petit doigt recouvert d'un linge propre et légèrement humide, vous allez lui retirer de la bouche les petites peaux qui pourraient l'empêcher de respirer. L'air passe enfin et le bébé pousse son premier cri. Vous pouvez alors le remettre sur le ventre de sa mère, et, cette fois, vous occuper d'elle.

• Entre cinq et vingt minutes après l'accouchement, la maman va évacuer de son ventre **le placenta**, grâce à quelques contractions et quelques massages du bas-ventre que vous lui aurez faits pour l'aider.

• **Lorsque tout est fini**, et si le médecin n'est pas arrivé entre-temps, il faut couper le cordon ombilical. Tout d'abord, nouez un petit fil solide, à un centimètre du ventre du bébé, autour du cordon, puis coupez-le à un centimètre au-dessus de la ligature (voir croquis). La maman peut très bien commencer à allaiter son bébé avant même que le cordon soit coupé.

COMMENT COUPER LE CORDON OMBILICAL

Section du cordon ombilical
A. Nouer à 1 cm de la limite cordon-peau.
1. Cordon ombilical.
2. Ventre du nouveau-né.
3. Limite de la peau et du cordon.
B. Couper à 1 cm de la ligature.

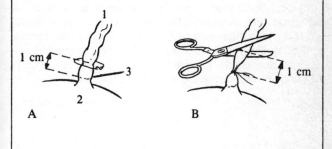

A   B

Ampoules

A la suite d'une longue marche ou d'une simple promenade en étant mal chaussé, les talons ou les doigts de pied
peuvent se couronner d'ampoules fort douloureuses. La
surface de l'épiderme, échauffée par le frottement du cuir
(ou de toute matière) a gonflé, formant une petite cavité
remplie d'une sérosité (liquide produit par l'épiderme).

• **La seule précaution à prendre est d'éviter l'infection.**
Pour cela, il ne faut surtout pas arracher la petite peau
qui forme l'ampoule, mais la percer avec une aiguille désin-
fectée à la flamme, et du fil le long duquel s'écoulera la
sérosité de l'ampoule. Passez ensuite une pommade antiseptique dessus, elle guérira ainsi sans problème... à condition que vous mettiez d'autres chaussures.

Anévrisme (rupture d')

Un anévrisme est une dilatation qui forme une petite bour-
souflure sur la paroi d'un vaisseau, d'une veine ou d'une
artère. Les plus fréquents se trouvent sur l'aorte ou dans
le réseau sanguin de la tête. Le danger, évidemment, est
que l'anévrisme grossisse et finisse par se rompre, entraînant le plus souvent une mort instantanée. Heureusement,
il ne s'agit parfois que d'une fissure et on se trouve alors
dans la même situation que l'accident vasculaire cérébral
décrit ci-dessus. L'urgence est la même, ainsi que les premiers gestes en attendant les secours.

Arrêt cardiaque

Ce type d'urgence est vraiment du ressort du médecin ou, à défaut, d'un secouriste. En effet, improviser les gestes qui sauvent, lorsque l'on n'a jamais appris à les faire, est très périlleux et peut mettre la vie du malade en danger. D'ailleurs, dans les pays où le Samu ou tout autre service d'urgence peut arriver relativement vite, cette pratique est interdite. Toutefois, il y a parfois des circonstances où l'on est seul, face à sa conscience et quelqu'un qui va peut-être mourir. Alors...

• Si vous vous trouvez devant une personne qui présente un arrêt cardio-respiratoire, **il faut d'abord vous assurer qu'elle ne respire pas.** Pour cela, ouvrez votre bouche tout près de la sienne et essayez de constater si de l'air en sort. Ou alors, placez un miroir devant ses narines et sa bouche : s'il y a de la buée, il respire encore. Dans ce cas, ne faites rien.

• **Si la personne ne respire plus,** tâtez son pouls au poignet ou touchez les pulsations de son cou et vérifiez que rien ne bat plus. Si ses lèvres, en plus, se mettent à bleuir, il est temps de lui faire un massage cardiaque, puis la respiration artificielle.

Le massage cardiaque

Avant toute chose, sachez que lorsque le cœur s'est arrêté de battre, **vous n'avez que quatre minutes** avant que le cerveau ne soit plus irrigué par le sang, ce qui peut provoquer des lésions irréversibles, puis la mort. Il faut donc agir très vite.

• Commencez par allonger cette personne sur le dos, sur une surface dure, puis desserrez ses vêtements (col, cravate, ceinture, etc.) qui pourraient comprimer sa poitrine. Alors seulement vous pouvez tenter le massage cardiaque (voir croquis).

• Commencez par exercer une pression rapide mais assez forte sur le bas du sternum et des côtes, au niveau du cœur, afin que cet os, qui ferme la cage thoracique, pousse le cœur vers la colonne vertébrale. En comprimant ainsi le cœur entre votre paume et les os du malade, le sang s'éjecte d'un seul coup hors du muscle cardiaque.

• Lorsque vous lâchez prise, le cœur se cœur se gonfle de sang à nouveau.

• Répétez ce geste plusieurs fois, à intervalles réguliers, cela irrigue tout le corps en faisant travailler le cœur artificiellement.

• Dès qu'il se remet à battre de lui-même, arrêtez le massage et commencez la respiration artificielle.

LE MASSAGE CARDIAQUE

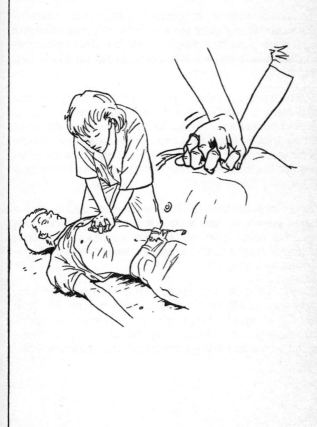

La respiration artificielle (ou bouche-à-bouche)

• D'abord, **vérifiez que les voies respiratoires du malade ne sont pas obstruées** en passant votre doigt, coiffé d'un linge propre et humide, tout autour de sa cavité buccale (voir croquis).

• Renversez sa tête en arrière en mettant une de vos mains sous sa nuque et l'autre sur son front. Tirez sa mâchoire vers l'avant pour bien ouvrir sa bouche. Dans cette position, le malade ne peut pas avaler sa langue ni s'étrangler.

• Pincez-lui le nez entre le pouce et l'index, respirez profondément et insufflez-lui votre air dans les voies respiratoires en plaquant votre bouche contre la sienne. Reprenez de l'air tout en vérifiant que la cage thoracique se vide. Même si elle ne le fait pas complètement, recommencez vivement l'opération plusieurs fois de suite (au moins quatre ou cinq fois).

• Après les premières insufflations, tâtez le pouls au niveau du cou pour vous assurer que le cœur bat encore. Il est tout à fait possible (et même recommandé en cas de crise cardio-respiratoire), d'alterner le massage cardiaque et la respiration artificielle.

• Une fois que chaque organe vital a repris ses fonctions, allongez le malade dans la position latérale de sécurité (voir page 27), en attendant qu'il retrouve totalement ses esprits. Si les malaises reprenaient, il faudrait bien sûr recommencer, en alternant massage cardiaque et respiration artificielle.

LA RESPIRATION ARTIFICIELLE
(BOUCHE-À-BOUCHE)

Parmi les gestes qui sauvent, le bouche à bouche est le plus connu. Pour être efficace, il faut:
1. d'abord libérer les voies aériennes en nettoyant rapidement la cavité buccale;
2. puis basculer la tête de la victime vers l'arrière;
3. enfin insuffler de l'air dans la bouche en pinçant le nez de la victime.

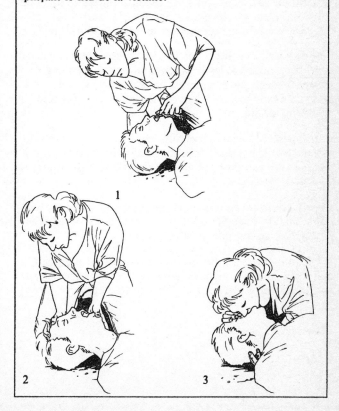

La respiration artificielle (méthode Silvester)

Si vous devez pratiquer la respiration artificielle sur une personne blessée au visage, par exemple un accidenté de la route, ou s'il y a un risque d'infection, il faut pratiquer une autre méthode que le bouche-à-bouche pour ne pas être vous-même contaminé (infection, sida). Il s'agit de la méthode Silvester (voir croquis).

• D'abord, allongez la personne sur le dos, sur une surface dure, et glissez sous ses épaules une serviette de toilette ou un vêtement roulé, de façon à faire une sorte de coussin qui lui surélèvera les épaules. Desserrez ses vêtements et vérifiez que ses voies respiratoires sont dégagées.

• Mettez-vous à genoux derrière lui, sa tête entre vos deux genoux, croisez-lui les bras, l'un au-dessus de l'autre, à plat sur la poitrine, et saisissez-lui fermement les deux poignets. Vous-même devez avoir le dos et les bras tendus au-dessus de lui.

• Penchez-vous en avant et appuyez fermement et uniformément sur le bas du thorax du blessé pendant deux secondes, ce qui vide ses poumons (attention, pas de gestes violents).

• Puis, toujours en tenant ses poignets, levez-lui les bras au-dessus de sa tête, en les tirant vers vous, légèrement en arrière, ce qui gonfle ses poumons.

• Recommencez ces mouvements plusieurs fois, jusqu'à ce que la respiration redevienne normale. Si vous devez appliquer cette méthode sur un enfant, appuyez moins fort.

LA RESPIRATION ARTIFICIELLE
(MÉTHODE SILVESTER)

Voyez page 42, la description
des mouvements à effectuer.

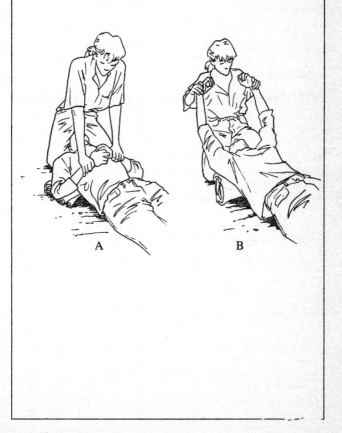

A   B

Asthme aigu (crise d')

• **La première difficulté est de bien poser le diagnostic,** notamment chez l'enfant. Si l'enfant est coutumier du fait ou s'il appartient à une famille d'asthmatiques, cela ne pose aucun problème. Mais si la crise se produit pour la première fois, c'est plus délicat. Surtout chez les enfants de moins de 4 ans, car les symptômes ressemblent à ceux d'une bronchite ou d'une forte laryngite.

• **La deuxième difficulté est de sous-estimer la gravité de la crise :** l'état de l'enfant, tout rose et conscient, peut rassurer son entourage alors qu'une aggravation brutale peut se déclarer.

• **Si le diagnostic de crise aiguë est établi avec certitude,** il faut à tout prix éviter de transporter l'enfant car cela pourrait aggraver les choses. Appelez immédiatement un médecin ou les services d'urgence car ses difficultés respiratoires se doublent souvent de malaises liés à la tachycardie (accélération du rythme cardiaque). Seul un médecin pourra vraiment, grâce à des médicaments appropriés (pulvérisation et piqûre intraveineuse), enrayer la crise.

• **En attendant les secours,** vous pouvez aider l'enfant à respirer en dégrafant ses vêtements, en libérant son thorax et en lui montrant comment respirer le plus calmement possible par le nez, la bouche fermée.

B

Bandage

Le bandage sert soit à maintenir un pansement en place, dans le cas d'une blessure, soit à immobiliser un membre ou une articulation qui a subi un choc.

Avant d'apprendre la bonne façon de faire, sachez que **vous devrez respecter ces trois règles d'or:**

1. D'abord, assurez-vous que le membre à bander se trouve bien dans la position où vous devrez poser le bandage.

2. Vous devez serrer suffisamment la bande pour immobiliser le membre blessé, mais pas trop pour ne pas gêner la circulation du sang. D'ailleurs, si vous le serrez trop, vous vous ferez vite rappeler à l'ordre par la personne que vous soignez!

3. Laissez libres les doigts et les orteils. Le blessé doit pouvoir les bouger une fois le bandage fait. Sinon, c'est qu'il est trop serré.

Comment poser une bande en rouleau

Ces bandes sont en coton, en gaze ou en toile, et sont vendues en rouleaux de cinq mètres. Les traditionnelles bandes Velpeau (en crêpe élastique) sont très pratiques car leur élasticité permet de réussir parfaitement les bandages.

• **Si le but de l'opération est de maintenir un pansement,** placez l'extrémité du rouleau sur le pansement en tenant le rouleau vers le haut. Faites le tour du membre avec la bande pour bien fixer le pansement, puis tournez en spirale en commençant par le dessous de la plaie. Enfin, continuez le bandage en remontant, et terminez en le fixant avec une épingle de sûreté.

• **Si vous souhaitez bander une articulation sans l'immobiliser,** pour une fracture par exemple, commencez par entourer une première fois l'articulation, faites un tour au-dessus, puis croisez pour faire un tour en dessous. Vous aurez ainsi réalisé une sorte de huit que vous répèterez jusqu'à ce que l'articulation soit entièrement recouverte. A la fin de la bande, fixez avec une épingle de sûreté (voir croquis).

BANDAGE D'UNE ARTICULATION

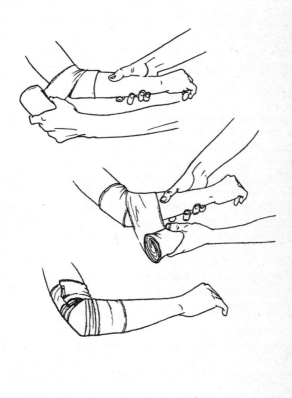

Blessure

Voir *Plaie*.

Blessure à la tête

Voir *Traumatisme crânien*.

Blessure due à une explosion

Avec ce type d'accident, plusieurs parties du corps peuvent être touchées, y compris les poumons. Il peut donc y avoir plusieurs sortes de blessures : des fractures, des brûlures, des blessures causées par des corps étrangers (du verre, par exemple) etc. Le blessé peut aussi se trouver en état de choc ou avoir perdu connaissance. Il faut agir vite.

• **Si le blessé est conscient,** mettez-le dans une position mi-assise, la plus confortable possible, et bien soutenue. Desserrez ses vêtements, sa ceinture, et demandez-lui surtout de ne pas bouger.

• **En attendant les secours,** examinez ses blessures. S'il saigne abondamment, arrêtez les saignements (voir *Hémorragie*) et effectuez les premiers soins pour les brûlures, plaies ou fractures éventuelles (voir à chacun de ces mots).

• **Toutes les dix minutes,** vérifiez le pouls et la respiration du blessé et veillez à ce qu'il ne perde pas connaissance.

• **Si le blessé perd connaissance,** placez-le dans la position latérale de sécurité (voir page 27). S'il s'arrête de respirer, faites-lui la respiration artificielle (voir page 41).

• Dès que les secours arrivent, faites-le transporter d'urgence à l'hôpital le plus proche.

Blessure due à un écrasement

Si vous vous trouvez devant quelqu'un dont l'un des membres a été écrasé par un objet lourd, commencez, bien sûr, par dégager très délicatement le membre atteint. Même si la douleur est très forte, il peut n'y avoir aucune lésion apparente, mais ne vous y fiez pas. Dans les heures qui suivent l'accident, cela peut se mettre à enfler si fort que le blessé se trouve alors en état de choc (voir *Etat de choc*), auquel cas il faut réagir vite.

• **Appelez les services d'urgence** pour que le blessé soit conduit à l'hôpital.

• **En attendant, ne changez pas le membre atteint de position.** Soutenez-le simplement et laissez-le nu. Si vous le couvrez, cela le réchaufferait et ferait se dilater les vaisseaux sanguins. S'il fait froid, couvrez-le avec quelque chose de léger.

• **S'il s'agit d'une simple contusion** (voir à ce mot), mettez le membre atteint sous l'eau froide, ce qui lui évitera de trop enfler.

Bleu

Voir *Ecchymose*.

Bosse

Voir *Hématome*.

Bouche-à-bouche

Voir *Respiration artificielle*.

Brûlures

Les brûlures sont des blessures très fréquentes car nous manipulons tous les jours des ustensiles dégageant de la chaleur ou des produits corrosifs qui peuvent brûler la peau. Les brûlures sont donc de différentes sortes : elles peuvent être provoquées directement par le feu (gazinière, incendie..), par des sources de chaleur (plaques chauffantes, fer...), par des produits chimiques (acide chlorhydrique, décapant...), par l'électricité (prises électriques, douilles...) ou, plus rarement, par des radiations. La gravité d'une brûlure dépend de la durée de contact entre ce qui la provoque et la peau du blessé. Elle dépend aussi de la surface de peau brûlée et de la profondeur de la brûlure.

Les brûlures superficielles

Mettez la zone touchée pendant dix minutes sous l'eau froide pour calmer la douleur. Ce type de brûlure guérira complètement en quinze jours ou trois semaines, sans traitement particulier ni pansement.

Les brûlures dues au feu

Faites d'abord l'impossible pour éteindre le feu s'il est facile à circonscrire (n'hésitez pas à appeler très vite les pompiers si vous vous sentez dépassé par les événements).

• **Si les vêtements du blessé sont en train de brûler,** couchez-le rapidement sur le sol (loin des flammes) en l'enroulant dans un tissu épais, une couverture, un tapis, etc. Attention à ne pas utiliser un tissu facilement inflammable, comme le nylon... Evitez aussi que les brûlures du blessé ne touchent le sol.

• En étouffant les flammes sous le tissu épais, **protégez bien le visage du blessé**. Lorsque tout est éteint, n'essayez pas d'enlever les vêtements brûlés, surtout s'ils collent à la blessure. C'est le médecin qui le fera.

• **Si la brûlure forme une plaie**, couvrez-la avec un tissu propre et non pelucheux, mais n'utilisez pas d'eau. N'appelez le médecin que si la brûlure est profonde: c'est alors lui qui décidera du traitement à suivre pour la guérir ou d'amener le blessé à l'hôpital, si besoin est.

• **Ne mettez jamais d'huile ou de matières grasses** (ni de vinaigre...) sur une brûlure et ne piquez pas non plus les petites cloques qui pourraient se former: elles se résorberont d'elles-mêmes.

Les brûlures chimiques

• Pour ce type de brûlures, la seule méthode efficace, quel que soit le degré de gravité de la blessure, est de la **laver à grande eau pendant au moins cinq à dix minutes**, pour essayer d'enlever au maximum la substance toxique. Il n'y a aucun produit chimique capable de neutraliser les effets nocifs de ces produits corrosifs.

• **Dans le cas de brûlures à l'acide fluorhydrique** (les plus graves, car cet acide ne s'évacue pas à l'eau mais continue, en profondeur, ses effets maléfiques), il faut conduire d'urgence le brûlé à l'hôpital pour qu'on lui fasse une excision chirurgicale, dans les deux heures qui suivent la brûlure, pour ôter toute la zone atteinte. Si vous êtes appelé à manipuler cet acide, n'oubliez jamais d'être très vigilant et de porter des gants en caoutchouc (non percés...).

Les brûlures électriques (ou électrocutions)

La gravité d'une brûlure à l'électricité dépend essentiellement de l'intensité du voltage du courant ; plus il est élevé et plus la brûlure est grave. La décharge peut soit venir de courant domestique (200 V), soit de courant industriel (à plus de 20 000 V), entraînant des brûlures beaucoup plus graves et même souvent mortelles.

Les brûlures venant du courant domestique

Combien de petits doigts, glissés dans les trous des prises, n'ont-ils pas fait les frais de ce type de décharges ? Combien de bricoleurs n'ont-ils pas pris un « coup de jus » en manipulant des rallonges ou en posant des douilles ? Combien de femmes d'intérieur ne se sont-elles pas laissées prendre par des prises de courant vieillottes et en mauvais état ? Pourtant, **ce type de brûlures pourrait facilement être évité**, grâce à d'élémentaires précautions comme éteindre le compteur lorsque l'on fait des petits travaux d'électricité, faire installer un disjoncteur et poser des cache-prises (en vente chez tous les droguistes) contre les doigts fureteurs des enfants.

Heureusement, ce type de brûlures est rarement très grave. Pourtant, cela peut arriver.

• **Si la brûlure est légère,** il suffit de faire couler de l'eau froide sur la zone touchée pendant dix minutes pour calmer la douleur. Mais si elle forme une plaie, procédez comme pour les brûlures provoquées par le feu.

• Certaines brûlures sont très graves et font l'objet, après les premiers soins, d'une intervention chirurgicale, voire d'une greffe de peau.

Les brûlures venant du courant industriel

Le choc électrique violent peut entraîner un arrêt de la respiration, du cœur, ou provoquer un infarctus du myocarde. En effet, il peut former ce que l'on appelle un arc électrique, traversant le blessé de part en part, en passant par le cœur.

• Si vous êtes témoin d'un tel accident, **ne touchez pas la personne avant d'avoir coupé le courant**, éloignez d'elle la source de courant en vous aidant d'un morceau de bois (le fer est conducteur), une chaise par exemple.

• **Appelez immédiatement les secours**.

• **En attendant les secours,** occupez-vous du blessé. S'il a cessé de respirer, faites-lui la respiration artificielle (voir page 41). S'il respire normalement mais qu'il est inconscient ou sous le choc, placez-le dans la position latérale de sécurité (voir page 27).

C

Claquage

En pratiquant un sport quelconque, ou en faisant un faux mouvement, on peut se faire un «claquage», c'est-à-dire une rupture d'un muscle (ou seulement une partie de celui-ci) au niveau des fibres, comme une corde qui «claque». Les muscles les plus fréquemment «claquables» sont d'abord le tendon d'Achille (derrière la cheville), puis le biceps (au bras) et le quadriceps (à la cuisse).

Le claquage d'un muscle est extrêmement douloureux. Cela donne l'impression de ne plus pouvoir bouger le membre touché.

• La meilleure chose à faire, dans ce cas-là, est de laisser le muscle se reformer tout seul, **en le massant doucement mais régulièrement**, et en prenant quinze jours à trois semaines de repos. En cicatrisant, le muscle peut former une petite boule inesthétique, notamment au niveau des bras.

• **En cas de rupture totale** du muscle, il faut souvent avoir recours à la chirurgie.

Cloques

Dans l'heure qui suit une brûlure superficielle, la douleur se fait de plus en plus vive, puis s'atténue progressivement en même temps qu'apparaissent une ou plusieurs cloques (que l'on appelle des *phlyctènes*). Ces cloques blanchâtres contiennent une substance liquide (correspondant à du plasma sanguin sans globules), qui sert à protéger l'épiderme.

• **En cas de petite brûlure,** mieux vaut laisser la cloque se résorber d'elle-même, sans la ponctionner. La petite peau va sécher et laisser apparaître un épiderme tout neuf. Cela prend en général une huitaine de jours.

• **En cas de brûlure grave,** les cloques peuvent être très nombreuses et même parfois couvrir tout le corps. C'est alors du ressort du service médical d'urgence, voire d'une réanimation, car une trop grande déperdition plasmatique peut avoir des conséquences graves, surtout chez les enfants.

Compresse

Pour faire une compresse, prenez une petite serviette de toilette ou un tissu propre en coton et pliez-le en deux ou en quatre, selon l'épaisseur du tissu (un gant de toilette fait très bien l'affaire). Selon le type de mal, vous pouvez être amené à faire des compresses chaudes ou froides. En effet, la température de l'eau agit immédiatement sur le réseau sanguin. La chaude dilate les vaisseaux, tandis que la froide les resserre.

• **Pour faire une compresse chaude**, plongez le tissu dans de l'eau bien chaude (mais non brûlante…), essorez-le un peu, appliquez-le sur la zone touchée et recommencez l'opération dès que le tissu refroidit.

• **Pour faire une compresse froide**, procédez exactement de la même façon, mais avec de l'eau glacée (dans laquelle vous aurez mis des glaçons).

• **Pour faire une vessie de glace**. Au fil de l'abécédaire, vous découvrirez que, dans certaines situations, vous pouvez en avoir besoin. Or, ce n'est pas le genre d'article que l'on achète couramment chez le pharmacien ! Peu importe. Remplissez un petit sac en plastique (bien étanche) avec de la glace ou, mieux, de la glace pilée. Videz l'air, fermez soigneusement le sac et enveloppez-le dans un tissu pour que la condensation, qui va inévitablement apparaître sur le sac en plastique, ne mouille pas la peau du malade. Placez la vessie sur l'endroit à «geler».

Contusion

Le type même de la contusion est le coup de marteau sur les doigts. Elle peut aussi arriver à la suite d'une chute ou d'un choc. Mais la contusion évoque toujours l'écrasement des tissus avec apparition presque immédiate d'un bleu (hématome) dû à l'éclatement ou à la simple fissure des vaisseaux sillonnant la zone touchée.

• **Si le choc n'est pas trop grave,** il suffit d'appliquer une compresse froide à l'endroit où cela fait mal (voir *Compresse*). Cela atténuera la douleur et empêchera le bleu d'être trop important.

• **Si le choc est violent,** la circulation du sang se bloque tout autour de la blessure, entraînant une éventuelle mort cellulaire. C'est pourquoi il faut réagir vite et appeler alors immédiatement les secours. Sous le choc, un gros hématome va se former puis laisser la place à un épanchement de lymphe, ce qui va faire enfler la peau à l'endroit de la contusion. Même la graisse va se briser et la blessure, si elle n'est pas «vidangée» en milieu hospitalier, se cicatrisera en laissant une bosse inesthétique qu'il sera difficile, ensuite, de retirer complètement.

• **Si le blessé, sous la violence du choc, s'évanouit,** placez-le dans la position latérale de sécurité (voir page 27), sauf si vous craignez qu'il soit touché à la colonne vertébrale, auquel cas il faut le laisser dans la position où il est. Lorsque l'ambulance arrivera, les infirmiers le placeront sur un brancard pneumatique gonflable, qui l'immobilisera.

Convulsion

La crise de convulsion concerne généralement des enfants de moins de 4 ans, déjà malades, et est accompagnée d'une température de 38°.

● Si vous remarquez que les yeux de l'enfant se révulsent soudainement, s'il perd connaissance et que ses membres et son visage sont agités de soubresauts, il s'agit d'une crise convulsive.

● Il faut immédiatement le coucher sur le côté, dans la position latérale de sécurité (voir page 27). Déshabillez-le et enveloppez-le dans une serviette humide. Puis, appelez aussitôt votre médecin traitant. Lui seul décidera s'il faut hospitaliser votre enfant ou non, selon la cause et l'intensité de la crise.

● **Dans les pays tropicaux**, ces convulsions fébriles du nourrisson sont fréquentes car souvent liées au paludisme ou à la méningite. Aujourd'hui, il existe des traitements anticonvulsivants préventifs que vous prescrira votre médecin, s'il l'estime nécessaire.

Corps étrangers

Notre organisme est d'une rare xénophobie! Dès qu'un corps étranger essaye de l'investir, il n'a de cesse que de l'expulser. Mais si ce corps étranger a réussi à pénétrer très profondément dans la chair, il arrive qu'il se fasse une petite place au milieu de nos cellules qui vont finir par l'accepter, surtout s'il est métallique. Mais s'il est d'origine végétale, il aura beaucoup de mal: une prolifération microbienne va se produire sous la peau et il faudra extraire l'intrus chirurgicalement.

Lorsque le corps étranger n'a réussi qu'une percée superficielle, l'organisme n'arrivera pas à le chasser et il faudra lui prêter main forte.

Corps étranger dans l'oreille

S'il est coincé dans le creux de l'oreille, n'essayez pas de l'extraire car vous risqueriez de l'enfoncer davantage. Dites à la personne de rester avec la tête penchée sur le côté, en espérant que l'objet tombe de lui-même. S'il ne se passe rien, emmenez-la vite chez un médecin.

Corps étranger dans le nez

Cette fois encore, ne cherchez pas à retirer l'objet vous-même, de peur de l'enfoncer. En effet, il pourrait passer dans les voies respiratoires et obstruer les poumons. Demandez à la personne de se boucher la narine libre et de souffler un bon coup par la narine «occupée». Si l'objet n'est pas rejeté par le souffle, demandez à la personne de respirer par la bouche et emmenez-la voir un médecin.

Corps étranger dans l'œil

• **S'il s'agit de quelque chose de pointu,** n'essayez pas de l'enlever. Couvrez les deux yeux pour éviter qu'ils ne bougent et aggravent ainsi la blessure, puis appelez un service médical d'urgence.

• **Si l'intrus est tombé sous la paupière inférieure** et qu'il est visible, essayez de l'amener vers le coin intérieur de l'œil grâce à un mouchoir en papier humide.

• **S'il s'est fiché sous la paupière supérieure**, demandez à la personne de regarder vers le bas, tirez délicatement sa paupière supérieure et faites-la se chevaucher sur la paupière inférieure pour le chasser (voir croquis).

• **Si, malgré tout, la douleur persiste,** c'est qu'il s'agit d'une poussière tenace ou de quelque chose invisible à l'œil nu. Couvrez alors l'œil avec une compresse sèche et emmenez la personne voir un médecin.

• **Si c'est un produit corrosif qui a giclé dans l'œil,** il faut immédiatement le laver à grande eau, en prenant bien garde de ne pas éclabousser l'autre œil. La meilleure façon de faire, pour ne pas courir de risque, est de dire à la personne blessée de pencher sa tête sur le côté, vous pourrez ainsi facilement ne lui laver que l'œil touché. Si vous n'avez pas d'eau courante à votre disposition, dites à la personne de s'allonger sur le côté et pressez un linge mouillé près du nez dans le coin interne de l'œil. L'eau s'écoulera ainsi vers le coin externe, vers la tempe. Lavez abondamment, puis recouvrez l'œil d'un mouchoir propre et emmenez la personne chez le médecin, pour plus de sécurité, afin qu'il vérifie que l'œil n'a pas été atteint par le produit.

Corps étranger sous la peau

Voir *Echarde*.

CORPS ÉTRANGER DANS L'ŒIL

L'intrus est tombé
sous la paupière
inférieure.

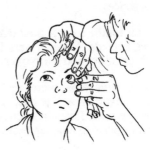

L'intrus est sous la
paupière supérieure.

Coup de chaleur

Les bébés sont particulièrement mal armés pour lutter contre la chaleur. D'une part parce qu'ils ne sont pas autonomes et ne peuvent boire, se découvrir et se rafraîchir lorsqu'ils en ont besoin, et d'autre part parce que leur petit corps se déshydrate plus vite que celui des adultes. Les chiffres sont d'ailleurs éloquents : 75 à 85 % des cas de déshydratation, enregistrés dans les statistiques des services médicaux d'urgence, sont des bébés de moins de 1 an. Les vieillards, qui ont une autonomie réduite, courent aussi ce risque. Certains sportifs, après un effort physique trop intense, dans un environnement surchauffé, peuvent également avoir un coup de chaleur.

• **Cet état se développe lentement** et est le fait de la perte en eau et en sel provoquée par une transpiration abondante : après des maux de tête, apparaissent des vomissements, de la diarrhée, des crampes dans les jambes, des douleurs abdominales. Cela va jusqu'à une baisse de tension qui entraîne des vertiges puis une perte de conscience. Il faut donc **réagir vite**, dès les premiers symptômes, pour éviter d'en arriver à ces extrémités dramatiques.

• **La première chose à faire est d'allonger le bébé,** ou la personne souffrant du coup de chaleur, dans un endroit frais et aéré, puis de lui donner à boire beaucoup **d'eau un peu salée** ou tout autre boisson, à condition qu'elle ne soit pas du tout alcoolisée.

• **Si le malade a perdu connaissance**, placez-le dans la position latérale de sécurité (voir page 27), ne lui donnez rien à boire et appelez d'urgence un médecin.

• Si un bébé présente **les premiers signes annonciateurs** du redoutable coup de chaleur, vous pouvez peut-être enrayer le processus simplement en lui posant sur la nuque, le front et les membres une vessie de glace (voir page 57).

Pour éviter le pire

Quelques règles de bon sens vous éviteront facilement d'avoir à affronter les conséquences parfois graves des coups de chaleur :

• Evitez les longs trajets en voiture aux heures chaudes et même, si possible, voyagez la nuit.

• Prévoyez plusieurs thermos d'eau fraîche et donnez fréquemment à boire aux enfants, pendant le trajet.

• Arrêtez-vous toutes les deux heures environ pour aérer tout le monde.

• Dans la maison, attention à la sieste dans les combles surchauffés et à l'enfant trop couvert.

• Pendant l'été, ne laissez pas un nourrisson dans son landau en plein soleil, capote rabattue, ou à la plage sous un parasol, et partout où l'air ne circule pas.

• Enfin, et surtout, ne laissez pas un enfant enfermé dans une voiture tout seul, ou dans les embouteillages.

Coup de soleil

Si vous vous êtes exposé trop longtemps au soleil sans avoir pris la précaution de vous être enduit de crème protectrice, vous voilà avec un bon coup de soleil. La peau commence à rougir, puis démange, brûle et peut même se couvrir de cloques.

• **S'il s'agit d'un simple coup de soleil,** superficiel et sans gravité, il suffit de vous rafraîchir la peau avec une éponge humide, puis de vous masser légèrement avec une lotion apaisante (votre pharmacien vous conseillera).

• **Mais si la brûlure est grave et que vous avez des cloques,** mieux vaut consulter un médecin.

Coupure

Les coupures provoquées par un couteau, un outil ou un objet tranchant sont généralement plus franches que celles provoquées par du verre. Les premières laissent donc des cicatrices plus nettes. Une bonne cicatrisation dépend aussi du sens de la coupure : si elle a lieu dans le sens des rides naturelles de la peau, elle sera ensuite pratiquement invisible. Dans le cas contraire, la cicatrisation se fera de façon asymétrique, l'un des deux côtés de la coupure pouvant même enfler légèrement et former une petite bosse.

• **Si la coupure est superficielle,** il suffit de la nettoyer à l'eau courante si elle est souillée, puis de la désinfecter avec un petit morceau de gaze et une solution antiseptique du genre *Mercryl Laurylée*, *Hexomédine* ou *eau oxygénée*. Ensuite, appliquez un pansement microporeux, la cicatrisation se fera très rapidement.

• **Si la blessure est profonde,** il se peut qu'elle saigne abondamment. Votre premier souci va donc être d'arrêter cette hémorragie (voir à ce mot). Dès que le saignement s'est arrêté, vous pouvez passer aux soins proprement dits. Après vous être soigneusement lavé puis séché les mains, désinfectez la plaie en procédant comme ci-dessus. Puis couvrez la plaie avec de la gaze ou une compresse stérile et fixez-la avec du sparadrap.

• **Si vous soignez une personne que vous ne connaissez pas,** prenez la précaution de mettre des gants jetables pour lui prodiguer ces soins. Vous éviterez ainsi toute infection éventuelle au HIV (virus du Sida).

• **Si vous estimez que la coupure mérite quelques points de suture,** appliquez dessus une gaze légère stérile, maintenue avec du sparadrap, puis emmenez le plus vite possible le blessé chez le médecin ou à l'hôpital le plus proche.

• **Si la coupure se situe au visage**, il faut prendre des précautions pour que la cicatrice soit ensuite la moins visible possible. Pour cela, vous pouvez utiliser des pansements *Stéri-drip* : ce sont des petits pansements auto-collants qui permettent de juxtaposer bord à bord les deux côtés de la coupure, à condition qu'elle soit située dans un endroit où la peau n'est soumise à aucune tension. Ce type de pansement n'est valable que pour les coupures nettes. Si ce n'est pas le cas, la blessure risque de laisser ensuite de vilaines cicatrices. Il vaut donc mieux conduire très rapidement le blessé chez le médecin ou à l'hôpital pour qu'on lui fasse ce que l'on appelle une recoupe puis un parage (il s'agit de rendre nets les bords de la blessure) et de faire ensuite quelques points de suture discrets. Si la coupure au visage est vraiment grave et profonde, le blessé sera probablement orienté vers un service de chirurgie esthétique.

Crise cardiaque

Voir *Arrêt cardiaque*.

D

Diarrhées

La déshydratation (suite à un coup de chaleur, voir page 63) et l'intoxication alimentaire sont les deux causes principales de diarrhées brutales. Vous n'aurez aucun mal à déterminer laquelle de ces deux causes a déclenché la diarrhée que vous devez soigner.

• **En cas de forte déshydratation**, regardez page 63 pour découvrir les gestes qui sauvent.

• **Si vous devez affronter une intoxication alimentaire**, il faut tout d'abord donner à boire de l'eau un peu salée au malade car la diarrhée a un effet déshydratant sur l'organisme. Ensuite, soignez les causes de son intoxication en lui donnant des anti-infectieux intestinaux par voir orale (*Intétrix, Ercéfuryl 200*, etc.).

• **Si l'infection n'est pas guérie en deux ou trois jours**, il faut consulter rapidement un médecin pour qu'il fasse faire une analyse bactériologique et parasitologique de la gastro-entérite, en particulier si vous vous trouvez dans un pays chaud. En effet, nul n'est à l'abri d'une **dysenterie** (amibienne ou bacillaire), ni de la **typhoïde**, une maladie grave qui sévit encore. Elle est due à un bacille particulièrement nocif qui épuise l'organisme et entraîne des perforations de l'intestin. La vaccination est, bien sûr, la meilleure prévention.

E

Eblouissement

• **S'il s'agit d'un simple éblouissement**, dû par exemple à l'utilisation d'un fer à souder, il faut mettre les deux yeux au repos en portant des lunettes fumées pendant deux ou trois jours.

• **Si l'éblouissement est plus grave** : s'il est provoqué par les rayons ultra-violets du soleil — cela arrive surtout à la montagne par réverbération sur la neige —, ou ceux d'une lampe à bronzer, il faut mettre une compresse d'eau fraîche sur les deux yeux, porter des lunettes foncées, filtrant les U.V., pour ne pas aggraver la brûlure, et consulter un ophtalmologiste afin d'éviter qu'il n'y ait des séquelles.

Ecchymose

C'est le vrai mot pour ce que nous appelons couramment un « bleu ». L'ecchymose est un épanchement de sang sous-cutané provoqué par la rupture ou la fissure des vaisseaux sanguins superficiels qui circulent sous la peau, à la suite d'un coup ou d'un choc. La couleur bleu violacé qui est apparue sur la peau peut se transformer, au fil des semaines, en jaunâtre, puis enfin disparaître.

• Une ecchymose, contrairement à un hématome (voir à ce mot), **n'est jamais grave** et disparaît toute seule, sans aucun soin particulier.

Echarde

Lorsqu'un corps étranger s'est glissé sous la peau, et qu'il est visible, **il faut absolument le retirer,** sinon il provoquera inévitablement une infection. Voici comment il faut faire.

● Prenez une aiguille dont vous aurez désinfecté la pointe à la flamme, puis piquez la peau, le plus délicatement possible, à l'endroit où l'écharde est la plus visible. Le but de l'opération est de dégager une partie suffisante du corps étranger pour pouvoir le saisir avec une pince à épiler et l'extraire de la peau.

● Ensuite, **désinfectez la plaie** avec une petite compresse stérile imbibée d'une lotion antiseptique. Ne mettez un pansement que si la plaie est assez importante.

● **Si vous n'arrivez pas à retirer l'écharde** par ce moyen, ne vous acharnez pas. Il n'est d'ailleurs pas certain que le blessé vous laissera faire... Emmenez-le chez un médecin qui fera une petite incision sous anesthésie locale, enlèvera l'écharde, puis refermera éventuellement la plaie par un point de suture.

Electrocution

Voir *Brûlure à l'électricité,* page 53.

Empoisonnement

Un petit moment d'inattention, un écart de surveillance, et Bébé, curieux de tout, goûte ce produit bien tentant... Tous les ans, plus de 30 000 parents affolés appellent leur centre anti-poison, l'enfant a presque toujours **entre 18 mois et 3 ans**, et l'accident se produit le plus souvent **entre 11 heures et 13 heures**, puis **entre 18 heures et 20 heures**. Ce sont, évidemment, les heures les plus tranquilles pour les bêtises, et aussi celles où on a un petit creux...

• **En cas d'accident**, le premier réflexe est d'appeler un centre anti-poison (vous avez dû noter le numéro dans votre mémento, au début du livre). N'hésitez surtout pas à appeler, **même si vous n'êtes pas certain qu'il y ait vraiment eu ingestion de produits toxiques**. Toute intoxication éventuelle doit être considérée comme réelle, jusqu'à preuve du contraire, et vous devez tout faire comme si l'enfant avait avalé une quantité maximale de produit.

• Avant de décrocher votre téléphone, **essayez de déterminer la nature du produit et l'heure probable de son ingestion**. S'il s'agit de médicaments, il est important de pouvoir déterminer la quantité avalée (ce qui est par terre n'est pas dans l'estomac de l'enfant). Retrouver votre ordonnance vous permettra de déduire ce qui restait de façon plausible dans la boîte. Le centre anti-poison aura aussi besoin de connaître le poids de l'enfant, le nom du produit, son fabricant, sa marque et, si possible, sa composition, pour pouvoir agir le plus efficacement possible.

• **En attendant les secours**, la conduite à tenir ne sera pas la même selon qu'il s'agit d'une intoxication aux produits ménagers ou aux médicaments.

Intoxication aux produits ménagers

Certains produits sont plus caustiques que d'autres, l'intoxication dépend de leur toxicité.

IDÉES REÇUES

Il ne faut, en aucun cas, donner à boire un verre de lait à l'enfant. Il contient des lipides qui favoriseraient la digestion des substances nocives. De plus, le lait n'a jamais été un anti-poison.

Ne lui faites pas non plus avaler de l'huile ni un pansement gastrique (genre Gélusil) Ce dernier pourrait masquer des lésions à la fibroscopie ou à l'endoscopie que le médecin aura peut-être besoin de pratiquer.

Et surtout, **ne faites pas vomir l'enfant.**

• **S'il a avalé de l'eau de Javel** (selon les statistiques, c'est le produit «préféré» des enfants), faites-lui boire immédiatement de l'eau pour diluer le produit et éviter (ou limiter) les brûlures des muqueuses. Faites de même s'il a avalé du **décapant pour le four**, du **déboucheur de lavabo**. Si vous faisiez vomir l'enfant, le deuxième passage du produit toxique provoquerait de nouvelles brûlures digestives.

• **S'il a avalé de la poudre à laver ou un produit pour la vaisselle**, ne lui donnez surtout rien à boire. Il ne faut pas faire mousser ces produits. Faire boire ou vomir l'enfant favoriserait une fausse route dans les voies respiratoires et risquerait de l'étouffer. **Ne faites rien** et attendez les secours. De même s'il a avalé un **adoucissant pour textile**, du **détartrant** ou du **désodorisant pour les toilettes**, et tous les autres produits courants d'entretien.

Intoxication aux médicaments

• **Si l'enfant est conscient,** faites-le vomir par attouchements du fond de la gorge avec un manche de cuillère. Vous aurez pris garde auparavant de l'allonger et de le placer dans la position latérale de sécurité (voir page 27).

• **Si l'enfant est somnolent ou comateux,** allongez-le également dans la même position et surveillez sa respiration, la coloration de ses lèvres et de ses ongles, et son rythme cardiaque. Vous pouvez l'aider à respirer en maintenant sa bouche ouverte à l'aide de votre petit doigt recouvert d'un linge fin, un mouchoir par exemple.

• **S'il ne respire plus,** faites-lui immédiatement la respiration artificielle, selon la méthode Silvester (voir page 43).

Ces premiers soins seront identiques si c'est un adulte qui a commis la bêtise...

Entorses et foulures

Il y a entorse, à la suite d'un faux mouvement ou d'un effort sportif intense, lorsque l'on s'étire ou se déchire un ligament articulaire. La douleur est vive et immédiate, et l'articulation peut se mettre à enfler dans les minutes qui suivent.

• **Si l'entorse est grave,** elle peut faire penser à une fracture (voir ce mot) et mieux vaut donc immobiliser l'articulation atteinte et aller la faire radiographier.

• Quant à la foulure, c'est **une entorse légère.** Les premiers soins ne sont donc pas les mêmes.

Soigner une foulure

Il n'y a pas grand-chose à faire, si ce n'est attendre... car **les foulures se guérissent toutes seules.**

• **Si vous immobilisez l'articulation atteinte** avec un bandage serré, vous diminuerez la douleur mais, en revanche, vous risquerez d'atrophier les muscles puisque les ligaments mettent environ cinq semaines à cicatriser.

• **Mieux vaut donc simplement maintenir l'articulation** grâce à un pansement *Elastoplaste* (en vente en pharmacie) et ne pas cesser de la faire fonctionner, sans forcer toutefois.

Soigner une entorse

L'entorse est plus grave que la foulure : la mise au repos est donc souhaitable, surtout si la douleur est vive. L'articulation blessée sera bandée de la même façon que la foulure, pendant cinq à six semaines environ, puis il faudra petit à petit la remettre au travail. Dans certains cas, une rééducation pourra même être nécessaire.

• **En cas d'entorse grave**, il faut immobiliser l'articulation atteinte et emmener le blessé se faire faire une radiographie pour s'assurer qu'il n'y a rien de cassé.

• **Si l'entorse est à la cheville**, n'essayez pas d'enlever la chaussure. Bandez le pied en huit, avec la chaussure, avant d'emmener le blessé chez le médecin. Il ne doit pas poser le pied par terre. C'est le médecin qui décidera des suites à donner à cet accident, notamment s'il faut plâtrer l'articulation ou même, parfois, si l'entorse doit être réparée chirurgicalement. Cette dernière éventualité est à éviter au maximum car l'immobilisation est ensuite assez longue (deux ou trois mois).

Epilepsie (crise d')

Une crise d'épilepsie ne signifie pas que l'on soit épileptique. Nous pouvons tous, un jour ou l'autre, à la suite d'un choc traumatisant par exemple, faire une crise unique et ne jamais en refaire. L'épilepsie n'est pas une maladie mentale. On peut la comparer à un court-circuit qui se produit dans les cellules nerveuses du cerveau, appelés neurones.

• **Juste avant le déclenchement de la crise, quelques signes caractéristiques** peuvent apparaître (sensation de brûlure, hallucinations, angoisses...).

• Puis survient **la crise elle-même**: forte baisse du tonus, contractions musculaires, tremblements et, enfin, perte de connaissance. Les membres se raidissent, la respiration peut même s'arrêter pendant quelques secondes. Tout le corps est secoué par des contractions, les mâchoires se serrent, le malade risque de se mordre la langue, il salive et écume. Les muscles du sphincter et de la vessie se relâchent et le malade peut uriner et déféquer. Tout cela est évidemment très impressionnant. Au bout de deux ou trois minutes, les muscles se détendent, le malade pousse un profond soupir et semble dormir profondément. Au réveil, il ne se souvient généralement de rien.

En cas de crise d'épilepsie, voici comment il faut réagir.

• Tout d'abord, **écartez de la personne en crise tous les objets à sa portée** avec lesquels elle pourrait se blesser. N'essayez pas de l'immobiliser, cela ne servirait à rien, ni de lui faire ingurgiter quoi que ce soit. Desserrez ses vêtements, notamment la cravate, le col et la ceinture.

• **Lorsque la partie violente de la crise est passée**, mettez le malade dans la position latérale de sécurité (voir page 27) et attendez patiemment qu'il se réveille de lui-même.

• **Si la crise a lieu pour la première fois** ou si elle est différente des autres fois, appelez immédiatement un médecin.

Eraflure

L'éraflure est une petite plaie sans gravité, n'atteignant que la partie la plus superficielle de l'épiderme, même si les griffures font apparaître ici ou là un peu de sang qui sèche d'ailleurs presque aussitôt, la plupart du temps. On s'érafle souvent aux endroits où les os affleurent sous la peau, sans muscle ni graisse pour les protéger (cheville, genou, coude...).

• **Il faut nettoyer la plaie** avec une compresse stérile imbibée d'un produit antiseptique, et la laisser sécher à l'air libre car les lésions ne sont jamais profondes. Une petite croûte va très vite faire son apparition (le deuxième ou troisième jour après l'éraflure), elle mettra ensuite environ trois semaines pour tomber.

• **Les enfants** ont fréquemment ce genre de blessures légères et, dès que la croûte apparaît, ils adorent se l'arracher avec leurs petits ongles plus ou moins propres. Il faut essayer de les en empêcher car, sous la croûte, la peau est en train de cicatriser. Si on arrache la croûte, tout le processus est à refaire et la plaie sera d'autant plus longue à cicatriser. Elle peut même devenir plus profonde et s'infecter. Si l'enfant est trop petit pour être raisonné, mettez-lui un pansement enduit d'un peu de vaseline.

• **Si la plaie s'infecte et suppure**, il faut consulter un médecin qui prescrira une pommade spéciale et, éventuellement, un antibiotique à large spectre pour lutter contre les streptocoques ou les staphylocoques.

• Une fois que la croûte est tombée apparaît une nouvelle peau toute rose et un peu fragile : il vaut mieux éviter de l'exposer au soleil pendant quelque temps. Même en prenant ces précautions, le peau peut mettre de deux à six mois pour retrouver sa couleur normale.

Etat de choc

Ce que l'on appelle l'état de choc peut se produire à la suite d'une blessure très douloureuse, d'un choc physique important, d'une grosse perte de sang, d'une infection ou d'une allergie sévère et brutale, ou à la suite d'une station prolongée dans le froid.

• **On reconnaît un état de choc** à la pâleur du blessé, à sa peau froide et moite, à son pouls rapide mais faible et irrégulier. Il a terriblement soif, se sent mal, nauséeux, il peut avoir envie de vomir (d'où l'expression, en cas de grande douleur : « cela me porte au cœur »). Il peut aussi parfois avoir du mal à parler et même perdre connaissance.

• **Cet état est grave et vous devez immédiatement appeler des secours.** Mais en attendant, vous pouvez empêcher qu'il ne s'aggrave.

• **Allongez la personne sur le côté**, la tête vers le bas, pour le cas où elle vomirait.

• **Si elle perd connaissance**, surélevez-lui légèrement les jambes en posant quelque chose sous ses pieds : cela permettra que l'irrigation du cœur et du cerveau ne soit pas perturbée.

• **Desserrez ses vêtements** autour du cou, de la poitrine et de la taille, mais ne la déplacez pas (sauf en cas d'absolue nécessité) et ne lui enlevez pas de vêtement. Attendez alors patiemment les secours.

Etouffement

Voir *Obstruction des voies respiratoires*.

Evanouissement

On peut s'évanouir pour de multiples raisons : une douleur vive, la chaleur et la promiscuité étouffantes des transports en commun, debout aux heures de pointe, la fatigue, le manque de nourriture ou l'hypoglycémie (voir à ce mot), une mauvaise nouvelle, une vision horrible, une émotion très forte...

• Mais quelle qu'en soit la raison, **la perte de connaissance se passe toujours de la même façon** : on a une sensation de chaud et froid, on pâlit, on a les mains moites, une respiration faible, un pouls ralenti, des petites brillances devant les yeux. Puis c'est le trou noir.

IDÉES REÇUES

Dans les films, chaque fois qu'un personnage s'évanouit, on le fait revenir à lui avec force claques sonores et, dès qu'il reprend ses esprits, on lui fait avaler un verre d'alcool. **Ces gestes doivent rester du domaine du cinéma.** Voici la bonne attitude à avoir devant quelqu'un qui perd connaissance.

• Tout d'abord, **évitez qu'il y ait un attroupement autour de la personne** qui s'est évanouie. Elle a besoin d'espace pour respirer de l'air frais. Allongez-la, dégrafez ses vêtements et surélevez-lui les jambes pour faciliter l'afflux du sang au cœur et au cerveau.

• **Lorsqu'elle reprend à la fois des couleurs et ses esprits,** faites-la asseoir, demandez-lui de relever la tête et de respirer de grandes bouffées d'air. Attendez qu'elle ait tout à fait repris conscience pour lui donner à boire un verre d'eau (pas d'alcool).

• **En cas d'hypoglycémie,** donnez-lui un morceau de sucre. Conseillez-lui de se reposer pendant quelques minutes, assise, avant de reprendre ses activités.

F

Fièvre

- **Dès que l'on soupçonne une montée de fièvre,** il faut prendre la température du malade. En France, nous pratiquons la prise rectale.

- **Entre 36°5 et 37°,** tout va bien.

- **Entre 37° et 38°,** ce peut être simplement un coup de fatigue ou de chaud après un effort, mais aussi l'annonce d'une maladie. N'hésitez donc pas à reprendre régulièrement la température jusqu'à ce tout soit normal.

- **Si le thermomètre affiche 38° ou plus,** c'est qu'il y a infection : les globules blancs se sont mis au travail pour chasser le virus ou le microbe intrus. La fièvre est donc le reflet de ce combat intérieur. Il faut appeler un médecin qui décidera du traitement à donner selon les causes de l'infection.

- **Si la fièvre est importante, au-delà de 39°,** il faut essayer de la faire baisser un peu en attendant le médecin.

Faire baisser la fièvre

• Tout d'abord, **refroidissez le front et l'extrémité des membres** en y posant des compresses glacées et des vessies de glace (voir page 57) que vous renouvellerez chaque fois qu'elles auront tiédi. Si le malade est un enfant, vous pouvez aussi le plonger rapidement dans un bain d'eau tiède, de deux degrés inférieurs à sa température. S'il a plus de 40°, laissez-le nu.

• Ensuite, **donnez des médicaments qui font tomber la fièvre** : *aspirine* (ou *paracétamol*) pour l'adulte, et *Catalgine* pour l'enfant. Ces médicaments n'auront aucun effet curatif sur l'infection, mais feront baisser la fièvre. Le médecin prescrira des médicaments pour vaincre l'infection.

Foulures

Voir *Entorses et foulures*.

Fractures

Ce n'est pas forcément à la douleur que l'on peut reconnaître à coup sûr une fracture. On peut très bien s'être cassé la jambe (ou tout autre membre) sans souffrir atrocement.

Sauf dans le cas des fractures ouvertes, qui, elles, se reconnaissent facilement à leur aspect spectaculaire, il n'y a pas d'autre moyen fiable pour déceler une fracture que la radiographie. C'est pourquoi, **dans le doute, mieux vaut agir comme s'il s'agissait d'une fracture** et appeler immédiatement des secours.

Le blessé ne peut absolument pas remuer le membre atteint. Si ce dernier est enflé ou déformé par rapport à l'autre, il y a fort à parier qu'il s'agit bien d'une fracture. Si la douleur s'accentue lorsque vous palpez délicatement la partie enflée, le doute se confirme. Dans le cas où les secours d'urgence ne peuvent arriver rapidement ou si vous devez emmener vous-même le blessé à l'hôpital, vous avez un rôle important à jouer.

• La première chose à faire est d'**immobiliser la fracture**, car il ne faut jamais bouger un membre fracturé, sauf en cas d'absolue nécessité (protéger le blessé d'un autre danger, par exemple), pour éviter de devoir réduire la fracture, c'est-à-dire remettre approximativement le membre dans son axe normal. C'est une opération délicate et douloureuse qui doit être effectuée par un médecin ou, à défaut, un véritable secouriste.

Comment immobiliser une fracture

On doit immobiliser une fracture dans le but d'éviter que l'os brisé ne se déplace, ce qui entraînerait de vives douleurs et des complications ultérieures. En effet, l'arête à vif des os peut abîmer les tissus musculaires, les nerfs et le réseau sanguin qui l'entoure. Une fois encore, insistons bien, l'**immobilisation doit être réalisée par des personnes compétentes ou seulement si vous devez transporter le blessé à l'hôpital**. Le principe de cette immobilisation est de fixer le membre fracturé à une autre partie du corps, à l'aide d'un bandage, d'une écharpe ou de ce que vous avez sous la main.

• Tout d'abord, **fabriquez un petit coussinet moelleux** à l'aide d'un vêtement enroulé ou d'un tissu douillet que vous placerez délicatement entre le membre fracturé et le corps, de façon que le blessé souffre moins.

• Ensuite, **immobilisez le tout** grâce à un bandage large ou des bandes de tissu, en faisant bien attention à ne pas bouger le membre fracturé. Le bandage doit bien maintenir l'ensemble mais ne pas être trop serré pour ne pas gêner la circulation du sang. Si les extrémités (doigts ou orteils) deviennent pâles, bleus ou froids, c'est qu'il faut légèrement desserrer votre bandage.

• Pour immobiliser une fracture, **vous pouvez fabriquer une attelle**. Il suffit que vous ayez sous la main une planche de bois ou un manche à balais (pour les membres inférieurs), ou tout simplement un journal enroulé (pour les membres supérieurs) (voir croquis). Vous fixerez délicatement le membre fracturé à l'attelle grâce à un bandage, en prenant les mêmes précautions que ci-dessus. Lorsque vous en serez au nœud qui termine le bandage, arrangez-vous pour qu'il ne repose pas sur le membre fracturé mais sous l'attelle.

Fracture du bras ou de l'avant-bras

● Fabriquez un petit coussinet, comme indiqué ci-dessus, et placez-le sous le bras cassé. Ensuite, déplacez le bras très délicatement le long de la poitrine, jusqu'à ce que la main atteigne l'aisselle opposée. Lorsque le bras sera dans cette position, qui est la moins douloureuse, maintenez-le en place grâce à une écharpe que vous attacherez autour du cou du blessé.

● **Si vous craignez que le coude soit atteint,** ne bougez pas le bras mais immobilisez-le dans la position qui sera la plus supportable pour le blessé.

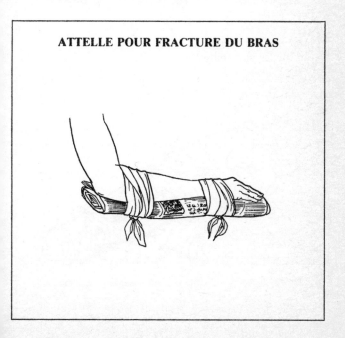

ATTELLE POUR FRACTURE DU BRAS

Fracture de la hanche, du fémur ou de la jambe

• **Allongez les deux jambes du blessé** et mettez-les côte à côte en plaçant un coussinet entre les deux pour que la personne souffre moins.

• Ensuite, immobilisez les deux jambes dans cette position en enroulant un bandage juste au-dessus et en-dessous de la fracture (voir croquis).

FRACTURE DE LA HANCHE OU DU BASSIN

Placez un rembourrage entre les jambes avant de les immobiliser.

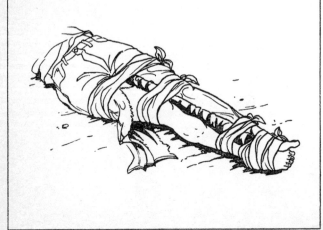

Fracture du bassin

• **Ce type de fracture s'accompagne souvent d'une envie d'uriner**. Demandez au blessé d'essayer de se retenir car le médecin doit pouvoir constater s'il y a ou non du sang dans les urines.

• Ensuite, mettez un rembourrage entre les deux jambes, puis faites un bandage en huit autour des chevilles et des pieds, puis un bandage ordinaire autour des mollets, des genoux et des cuisses. Enfin, placez deux larges bandes autour du bassin et superposez-les.

Fracture du pied

• **Il faut d'abord prévoir une petite attelle** pour immobiliser le pied cassé. Pour cela, prenez une petite planche de bois ou un livre à couverture rigide, et posez dessus une serviette ou un morceau de tissu plié aux dimensions de l'attelle.

• **Puis bandez le pied et la cheville sur l'attelle**, en formant un huit avec la bande (voir croquis). Attention: le bandage doit être noué sur le côté opposé à la fracture.

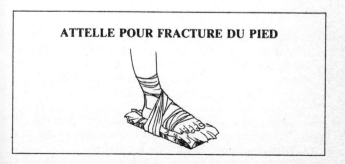

ATTELLE POUR FRACTURE DU PIED

Fracture de la main ou du poignet

• Placez la main dans le prolongement de l'avant-bras, immobilisez-la grâce à une petite attelle, et procédez comme pour la fracture du pied.

• Ensuite, vous replierez le bras, du côté de la fracture, sur la poitrine et le fixerez grâce à une écharpe nouée autour du cou. Si le blessé porte un vêtement à manches longues, vous pouvez également épingler la manche au vêtement, au niveau de l'épaule opposée.

Fracture des côtes

Ce type de fracture est très douloureux. La souffrance est amplifiée à chaque respiration et difficile à supporter en cas de toux.

• **Pour limiter les douleurs**, il faut bander en écharpe, autour du cou, le bras situé du côté de la fracture.

Fracture de la colonne vertébrale

C'est un cas extrêmement grave car la moindre petite esquille d'os peut percer la moelle épinière et frapper le blessé de paralysie. Il faut donc agir avec la plus grande prudence, c'est-à-dire **ne surtout pas bouger le blessé** qui ressent de fortes douleurs dans le dos.

• **Contentez-vous simplement d'immobiliser le corps du blessé** en enroulant vêtements ou couvertures de chaque côté, et en les calant le long de ses flancs.

• **En attendant les secours,** recouvrez le blessé d'une couverture pour qu'il n'ait pas froid.

Fracture du cou

Cette fois encore, la proximité de la moelle épinière demande la plus extrême prudence. Une fracture du cou provoque de vives douleurs dans le cou et les bras, des fourmillements jusque dans les jambes ou même une incapacité totale à bouger. En attendant les secours, **il faut soutenir et immobiliser la tête du blessé** pour que le cou ne bouge surtout pas.

• **Si vous êtes seul,** contentez-vous de soutenir délicatement sa tête entre la paume de vos mains et demandez au blessé de ne pas bouger avant que les secours n'arrivent.

• **Si vous êtes deux,** vous pouvez immobiliser la tête du blessé en improvisant une minerve. Pour cela, pliez un journal en lui donnant la forme d'une bande rigide d'une dizaine de centimètres de large. Entourez-le d'un tissu triangulaire qui dépassera de chaque côté de façon à pouvoir le nouer autour du cou du blessé. Maintenez fermement sa tête et demandez à la personne qui vous aide d'attacher la minerve en nouant le tissu par devant, sans étrangler le blessé... (voir croquis). Si vous n'avez pas de tissu assez grand, vous pouvez glisser le journal plié dans une chaussette ou un collant.

En aucun cas vous ne devez bouger un blessé qui s'est fracturé le cou.

Fracture du crâne

Voir *Traumatisme crânien*.

FRACTURE DU COU

Voici comment improviser une minerve
avec un journal enroulé dans un
tissu triangulaire. Ce dernier sera
noué par devant.

Fracture de la mâchoire inférieure

Fabriquez un coussinet avec un morceau de tissu ou un gros bout de coton hydrophile, posez-le sous le menton du blessé et maintenez-le en place grâce à un bandage que vous nouerez au-dessus de la tête.

Fracture de la mâchoire supérieure
et de l'os de la joue

Mettez une compresse froide à l'emplacement de la fracture et conduisez le blessé chez un médecin ou à l'hôpital.

Fracture du nez

C'est un accident très fréquent, surtout chez les jeunes enfants, car ils ont les os du nez relativement mous. La fracture n'est pas forcément visible mais doit être envisagée après un choc et des saignements de nez.

• La seule chose à faire est d'emmener d'urgence le blessé à l'hôpital ou chez un ophtalmologiste, car les soins ne peuvent être prodigués que par un spécialiste.

Fracture de la clavicule

Placez un coussinet sous l'aisselle du blessé, du côté de la clavicule cassée, puis étendez très délicatement le bras sur la poitrine jusqu'à ce que les bouts des doigts reposent sur l'épaule opposée. Maintenez le bras dans cette position grâce à une écharpe. Si le blessé porte un vêtement à manches longues, vous pouvez épingler la manche au vêtement au niveau de l'épaule opposée.

Fracture ouverte

Sous la violence d'un choc, non seulement un os peut se casser, mais il peut en plus déchirer la chair et devenir saillant : c'est ce que l'on appelle une fracture ouverte. Au problème du traumatisme s'ajoute celui de la plaie, avec les complications possibles dues à la pénétration des microbes et à l'infection.

• La première chose à faire est d'**arrêter tout saignement** (voir *Hémorragie*).

• **Ne tardez surtout pas pour appeler des secours,** car en cas de fracture, il y a risque d'hémorragie interne (voir ce mot).

G

Gelures

Aujourd'hui, ce sont les alpinistes ou les randonneurs de haute montagne qui risquent d'être victimes de gelures, notamment au bout des doigts ou des orteils, s'ils sont insuffisamment couverts ou si leurs gants sont mouillés.

• **Les petites gelures** : la personne s'en aperçoit lorsque ses doigts ou ses orteils deviennent insensibles. Nombreux sont ceux qui conseillent, dans ce cas, de frotter les extrémités gelées avec de la glace pour faire circuler le sang. Il vaut mieux les réchauffer très lentement, non pas en les posant sur une source de chaleur, mais en les glissant dans les petits coins du corps les plus chauds, sous les aisselles ou entre les cuisses, directement sur la peau. Une solution facile pour les doigts mais pas pour les orteils ! A moins de trouver des aisselles bienveillantes... Cette façon de réchauffer la partie du corps gelée ne provoque aucune séquelle, mais elle est douloureuse.

• **Les gelures plus graves** : il faut tout tenter pour essayer de sauver l'extrémité du corps qui a été gelée. Pour cela, il faut tremper les doigts, par exemple, dans un récipient rempli d'eau à 10°, puis augmenter petit à petit la température du bain en y ajoutant de l'eau chaude, jusqu'à ce qu'elle atteigne 37°, la température du corps. Une fois encore, le réchauffement doit se faire progressivement.

• **Les gelures irréversibles**: lorsque l'extrémité atteinte a été trop longtemps gelée, la gelure est malheureusement inguérissable et il faut amputer tout ce qui a été gelé. Sinon, il y a nécrose. Cette intervention ne peut se faire, évidemment, qu'en milieu hospitalier.

Griffures d'animaux

Les plus dangereuses sont celles de chat, car elles peuvent transmettre une maladie appelée, justement, la maladie des griffures de chat. C'est une maladie virale, heureusement assez rare, qui va se traduire, dans les mois suivant «l'agression», par de gros ganglions douloureux, situés du côté où la personne aura été griffée par l'animal. La maladie peut durer des mois car, à part certains antibiotiques à peu près efficaces, il n'y a pas vraiment de traitement approprié.

• Pour éviter cela, dès qu'une personne a été griffée par un chat (ou tout autre animal, d'ailleurs), il faut très consciencieusement **désinfecter la blessure** avec un produit qui ne pique pas (*Hexomédine transcutanée* ou *Mercryl Laurylé*). Tamponnez bien la plaie en changeant deux ou trois fois le coton imbibé du désinfectant, puis séchez-la avec un séchoir à cheveux.

• Appliquez enfin un **pansement microporeux**. Désinfectez et changez le pansement deux fois par jour, jusqu'à ce qu'apparaisse une petite croûte. Vous pourrez alors laisser la blessure à l'air libre.

H

Hématome

Dans le langage courant, on confond souvent « bleu » (voir *Ecchymose)* et « hématome ». Si le bleu n'est qu'un dépôt de sang sous la peau dû à l'éclatement de petits vaisseaux, l'hématome, lui, est carrément une poche de sang qui peut former une bosse. Cette fois, c'est une artériole ou une veinule qui se sont rompues, et le sang ne s'arrête de couler, sous la peau, que lorsqu'il se forme un petit caillot obstruant la brèche.

L'hématome est parfois tellement douloureux qu'il faut pratiquer une petite incision, sous anesthésie locale, afin de pouvoir aspirer le sang qui s'y trouve emprisonné. Heureusement, dans la plupart des cas, l'hématome se guérit de lui-même car nos cellules « digèrent » cet anormal dépôt de sang. Cela leur prend généralement au moins trois semaines, souvent plus.

Toutefois, **en agissant dès que l'accident s'est produit**, vous pouvez limiter les dégâts.

• Appliquez sur l'hématome des **compresses d'eau glacée**

ou **des vessies de glace** afin de limiter son extension et pour que les tissus atteints se rétractent. Changez-les dès qu'elles tiédissent.

• **Pour éviter une trop grosse bosse,** vous pouvez aussi placer un pansement compressif sur l'hématome pendant environ une demi-heure après le choc. Les vaisseaux ainsi comprimés seront empêchés de former une bosse.

Hématome sous-unguéal
(sous l'ongle)

Sous ce mot un peu technique se cache un accident d'une grande banalité : le coup de marteau sur le doigt. Une tache noire se forme immédiatement, provoquée par le dépôt de sang, ce qui soulève légèrement l'ongle. La douleur est très vive et peut même donner une impression de pulsation, comme si le doigt « battait » au même rythme que le cœur. En pratiquant **l'intervention dite du « trombone »**, on peut soulager très vite et de façon spectaculaire le blessé.

• Prenez un trombone ordinaire (pas l'instrument de musique... mais ces petites attaches métalliques qui servent à retenir ensemble plusieurs feuillets), dépliez-le de façon que les pointes soient côte à côte, parallèlement, et tenez l'arrondi du trombone avec une petite pince. Faites chauffer les deux pointes jusqu'à ce qu'elles deviennent rouges et posez-les rapidement mais fermement, à l'endroit de l'hématome, sur l'ongle, pour le perforer. Ainsi, l'air pénètre par un trou et chasse le sang par l'autre. Appuyez délicatement sur l'ongle pour bien évacuer tout l'hématome. Cette petite intervention est très efficace. Mais attention : ne brûlez ni le blessé ni vous-même avec le trombone !

Hémorragie

Notre corps contient cinq litres de sang. Perdre rapidement un litre de sang, à la suite d'un accident, peut être dangereux pour la santé. C'est pourquoi il est capital de savoir stopper une hémorragie, en attendant l'arrivée des secours.

Tout d'abord, sachez reconnaître si l'hémorragie est due à la rupture d'une artère ou d'une veine.

• **S'il s'agit d'une artère**, le sang est rouge vif et gicle par saccades, à chaque battement du cœur.

• **S'il s'agit d'une veine**, le sang est rouge foncé et coule en nappe.

IDÉES REÇUES

Que l'hémorragie soit due à la rupture d'une veine ou d'une artère, respectez impérativement cette règle : **ne faites jamais de garrot pour arrêter une hémorragie.**

En effet, le principe du garrot est dangereux car il peut stopper l'irrigation du sang dans le membre sur lequel il aura été appliqué, et provoquer une grangrène.

Il ne peut être fait qu'en dernier recours et, de toute façon, par un secouriste entraîné ou un médecin d'urgence.

La pression directe

• Asseyez ou allongez le blessé dans une position confortable et, si la blessure se situe sur l'un des membres (supérieurs ou inférieurs), **surélevez-le de façon à diminuer la**

pression sanguine. Ainsi, le saignement devient plus lent. Si vous craignez que le blessé souffre d'une fracture (voir ce mot), ne le bougez surtout pas.

• Limitez encore l'écoulement du sang **en appuyant sur la plaie avec votre doigt**, la paume de votre main ou même votre poing. Maintenez cette pression pendant dix bonnes minutes. Si le sang ne s'est toujours pas arrêté de couler, recommencez à appuyer.

• **Lorsque l'hémorragie est contrôlée**, posez sur la plaie un pansement stérile (voir page 128), et fixez-le avec un bandage. Ne serrez pas trop la bande de façon à ne pas gêner la circulation du sang. Une fois le pansement fait, demandez au blessé de rester calme et de ne surtout pas bouger car l'hémorragie pourrait redémarrer.

• **Si le pansement suinte ou rougit légèrement**, c'est que l'hémorragie n'est pas tout à fait stoppée. Il faut alors renforcer le pansement en ajoutant quelques couches de gaze stérile supplémentaires et, de nouveau, appuyer sur la plaie. Ne changez pas le pansement car les saignements pourraient reprendre.

La compression à distance

Si, malgré tous vos efforts en appliquant le système de la compression directe, vous n'avez pas réussi à stopper l'hémorragie, c'est qu'il s'agit certainement d'une artère et vous allez donc devoir faire une compression à distance. Le principe est simple : il suffit de comprimer l'artère correspondant à la blessure, dans sa partie supérieure, c'est-à-dire proche du cœur. Ceci, pendant dix minutes. Mais encore faut-il avoir quelques notions d'anatomie et **savoir où se situent les artères concernées**, pour connaître les points de compression (voir croquis).

LES POINTS DE COMPRESSION

En cas d'hémorragie importante, il faut agir vite et comprimer les vaisseaux, veines et artères qui se trouvent entre la plaie et le cœur.

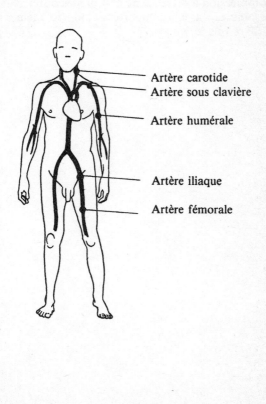

Artère carotide
Artère sous clavière

Artère humérale

Artère iliaque

Artère fémorale

• **Si la blessure est au bras,** il faut comprimer l'artère humorale : elle se trouve dans le biceps, contre l'humérus (l'os du bras, entre le coude et l'épaule).

• **Si elle est à la jambe,** il faut comprimer l'artère fémorale, au niveau de l'aine. Bras tendu contre le pubis, appuyez avec le poing au milieu du pli de l'aine, du côté de la jambe blessée.

Une compression à distance ne doit jamais durer plus de quinze minutes, car elle comporterait alors les mêmes risques graves que le garrot.

Hémorragie interne

Par définition, une hémorragie interne ne se voit pas puisqu'elle a lieu à l'intérieur du corps. De plus, elle n'entraîne pas forcément de douleurs. Elle peut survenir à la suite d'une contusion, d'une blessure, ou être provoquée par une maladie (cirrhose du foie, grossesse extra-utérine, ulcère ouvert de l'estomac, etc.). Toutefois, on peut déceler l'hémorragie interne grâce au fait que la personne qui en souffre se trouve rapidement en état de choc. Il faut donc agir en conséquence (voir *Etat de choc*). Si l'hémorragie se situe dans l'abdomen, il devient vite très dur et rigide.

• Dès que vous aurez mis le blessé ou le malade dans la position latérale de sécurité (voir page 27), appelez immédiatement des secours, car seuls des professionnels savent comment transporter quelqu'un faisant une hémorragie interne.

Hydrocution

Il s'agit d'une syncope avec perte de connaissance, au cours d'une baignade. Cette syncope est généralement due au choc thermique que subit le corps lorsqu'il y a une trop grande différence entre la température du corps, chauffé par le soleil, et celle, très froide, de l'eau.

• **Ce phénomène est particulièrement dangereux chez les personnes qui ont un organisme vulnérable,** sujet aux pertes de connaissance, qui sont allergiques à l'eau ou au froid.

• **L'hydrocution arrive souvent quand la baignade a lieu en pleine digestion,** après un repas copieux et bien «arrosé». Elle peut arriver aussi **après un choc émotionnel** ou **après un effort physique** trop intense et prolongé. La perte de connaissance entraîne, si elle survient en eau profonde, la submersion et la noyade.

• Il existe **quelques signes avant-coureurs** qui doivent mettre en garde les nageurs et, s'ils se produisent en cours de baignade, les faire revenir au plus vite vers le bord : frissons, tremblements, sensation d'angoisse très vive, crampes ou troubles visuels. Toute sensation anormale doit donc être un signal d'alarme, même pour les meilleurs nageurs.

• **En cas d'accident,** certains gestes, indispensables à connaître, peuvent sauver la vie. Ce sont les mêmes qu'en cas de noyade (voir ce mot).

Hypoglycémie

Le taux normal de sucre dans le sang est, en prinčipe, de 0,8 à 1 gramme par litre de sang. Dans l'heure qui suit les repas, le taux de glycémie (sucre) augmente, mais notre pancréas produit une hormone, l'insuline, qui régule ce taux et le maintient en dessous de 1,3 g. Entre les repas, la glycémie reste à peu près constante grâce aux aliments qui contiennent ce que l'on appelle les sucres lents (pain et céréales, par exemple).

• **En cas de régime amaigrissant déséquilibré** ou mal conduit, ou lorsqu'on saute un repas, le taux de sucre peut chuter jusqu'à 0,5 g par litre de sang et c'est alors la crise d'hypoglycémie. Tout à coup, on ressent une fatigue intense, une difficulté à se tenir debout, des pertes d'équilibre, une pâleur extrême, des bouffées de chaleur, des crampes à l'estomac, et parfois des troubles de la vision. Une forte crise peut entraîner une perte de connaissance, surtout chez les diabétiques.

• La seule méthode pour stopper ces symptômes très désagréables (et même dangereux si la crise survient au volant d'une voiture), est de **donner du sucre**, ou quelque chose de sucré, à la personne en état de crise. Si elle est inconsciente, le médecin lui fera une intraveineuse de glucose. Les troubles doivent disparaître en quelques minutes.

Hypothermie

On ne peut parler vraiment d'hypothermie que **lorsque la température du corps s'abaisse à 35°, voire 25°** dans les cas très graves. La personne a la peau glacée et marbrée, et elle souffre parfois de tachycardie (accélération brutale du rythme cardiaque, voir page 144). Différentes circonstances peuvent entraîner une hypothermie : les noyades, les accidents de montagne, plusieurs traumatismes simultanés, la station prolongée dans des lieux à la température anormalement basse, les intoxications à l'alcool, aux médicaments, aux oxydes de carbone ou tout comas prolongé.

• Quelle qu'en soit la cause, **l'hypothermie est une urgence grave** et la personne doit être conduite le plus vite possible à l'hôpital car le réchauffement, qu'il soit interne ou externe, ne sera réalisé que dans une unité de soins intensifs ou en réanimation. Toutefois, en attendant les secours, vous pouvez éviter que les choses ne s'aggravent.

• Il faut dire à la personne en état d'hypothermie de ne faire aucun effort. Il faut la soustraire au froid, la déshabiller, la sécher (s'il y a lieu de le faire) et l'envelopper dans une couverture isotherme.

• **En aucun cas, il ne faut lui donner d'alcool.**

I

Intoxication
(au gaz ou par des vapeurs toxiques)

• La première chose à faire est d'**extraire la personne intoxiquée du lieu où elle a inhalé le gaz** ou les vapeurs toxiques, et ceci, sans que vous-même ne couriez de danger. Pour cela, prenez une grande bouffée d'air sain avant de pénétrer dans la pièce contaminée, retenez votre respiration et sortez la personne à l'air libre.

• **Si la personne intoxiquée est blessée**, et que vous ne pouvez pas la bouger, fermez le robinet du gaz ou essayez d'arrêter la fuite de vapeurs toxiques, et ouvrez grand portes et fenêtres pour faire un courant d'air.

• Attention, **en cas d'incendie**, ne faites pas de courant d'air car cela risquerait d'attiser le feu et de le propager.

• Dès que possible, **faites à la personne intoxiquée la respiration artificielle** (voir page 41). Si elle respire normalement mais qu'elle a perdu connaissance, mettez-la dans la position latérale de sécurité (voir page 27) et appelez des secours d'urgence.

Insolation

Contrairement à ce que son nom indique, une insolation n'est pas forcément liée au soleil. Elle peut survenir après une station prolongée sous l'astre de feu, bien sûr, mais également après être resté longtemps dans une atmosphère à la fois extrêmement chaude et humide. L'insolation se déclenche dès que le corps n'est plus capable, de lui-même, de réguler sa propre température par l'intermédiaire de la transpiration. Aussitôt, la personne frappée d'insolation ressent une sensation de malaise très désagréable, elle s'agite, son humeur se dégrade, sa peau est brûlante et sèche, son visage devient tout rouge, sa respiration et son pouls s'accélèrent et la fièvre monte. Elle peut atteindre 41° et la personne perd alors parfois connaissance.

• **Avant toute chose, appelez un médecin**. Puis emmenez la personne dans un endroit frais et déshabillez-la. Si elle est consciente, installez-la sur un lit avec deux ou trois oreillers derrière son dos. Si elle est inconsciente, allongez-la dans la position latérale de sécurité (voir page 27).

• Dans les deux cas, **rafraîchissez-la** en lui passant, sur tout le corps, une éponge ou un gant de toilette imbibé d'eau tiède. Ceci permettra à la température de son corps de s'abaisser progressivement, l'eau s'évaporant immédiatement sur sa peau. Si elle est consciente, vous pouvez lui faire prendre un bain de 2° inférieur à la température de son corps, tout en l'éventant.

• En revanche, **ne vous servez pas de vessie de glace** car il est indispensable que la température du corps diminue graduellement.

J

Jet sous pression (en bricolant)

Les bricoleurs (professionnels ou du dimanche) sont parfois amenés à utiliser des outils projetant des liquides sous pression (pistolets à peinture ou à huile, par exemple). Ce puissant jet de liquide peut, à la suite d'une manœuvre maladroite, provoquer des blessures très graves, faisant partie des cas à traiter de toute urgence. En effet, le liquide pénètre sous la peau avec puissance et nécrose tout sur son passage.

• La seule chose à faire est de **passer rapidement la blessure sous le robinet d'eau froide**, de l'entourer d'une gaze stérile et d'**emmener le blessé à l'hôpital** le plus proche. Là, sous anesthésie locale, on incisera la blessure afin d'en extraire le matériau qui s'y sera engouffré.

L

Luxation

Lorsqu'il y a luxation, c'est que les ligaments latéraux qui rattachent l'os à son articulation se sont déchirés et que l'os s'est déboîté. D'autre part, les artères et les nerfs sont étirés et risquent, eux aussi, de se déchirer, ce qui est encore plus grave. La luxation est un accident très douloureux, notamment du fait de l'étirement des nerfs, et peut même provoquer une syncope. Elle est assez facile à diagnostiquer : l'articulation blessée est toute déformée et enflée.

Toutefois, **il arrive qu'on puisse confondre une luxation et une fracture**. C'est pourquoi, dans le doute, mieux vaut agir comme s'il s'agissait d'une fracture (voir page 85).

● **N'essayez en aucun cas de remetttre vous-même l'os en place** dans son articulation, ni même de le bouger. Ce serait d'ailleurs impossible, la douleur serait trop forte.

● Il faut donc **soutenir l'articulation** avec des coussins ou des oreillers, en essayant au maximum d'immobiliser le membre blessé dans la position où il se trouve.

● **Si la personne est en état de choc,** tentez d'atténuer cet état (voir *Etat de choc*).

• Enfin, **appelez les urgences** ou, si c'est possible, conduisez vous-même le blessé à l'hôpital le plus proche. Là, un chirurgien orthopédiste lui remettra l'os et l'articulation en place, après avoir vérifié, radios à l'appui, qu'il n'y a pas de fracture. Après cela, il posera un plâtre pour que les ligaments déchirés puissent se reformer. La luxation est donc un accident grave mais, heureusement, assez rare, sauf au niveau des doigts. La guérison totale n'intervient qu'après une sérieuse rééducation.

M

Massage cardiaque

Voir *Arrêt cardiaque*.

Méningite (crise de)

Nous portons tous, dans notre corps, les germes responsables de la méningite, mais personne ne sait encore ce qui peut, subitement, rendre ces germes actifs et dangereux. On peut simplement constater que la méningite cérébrospinale touche plus particulièrement les enfants, notamment au printemps et à l'automne, périodes où le temps est doux et humide. La méningite est l'inflammation des méninges du cerveau : elle peut parfois être tout à fait bénigne mais aussi dégénérer au plus vite de façon dramatique. C'est pourquoi la crise de méningite est considérée comme une urgence.

• **Si votre enfant se plaint de nausées, de violents maux de tête, s'il a la nuque un peu raide, si la lumière et le bruit le gênent, s'il a de la fièvre et vomit,** appelez d'urgence un médecin car il peut s'agir d'une méningite. Il faut alors lui faire faire très rapidement une ponction lombaire pour vérifier la présence (ou l'absence...) de méningocoques ou de pneumocoques. Pour gagner du temps, vous pouvez aussi le couvrir très chaudement et l'emmener vous-même à l'hôpital le plus proche.

• **Si un cas de méningite cérébro-spinale a été diagnostiqué dans la classe de votre enfant,** il est vivement recommandé de lui faire prescrire un antibiotique préventif approprié qui lui évitera d'être lui-même contaminé par cette maladie qui survient par petites épidémies.

Morsures d'animaux

Nul n'est à l'abri d'une morsure de chien, de chat ou même de rat. Si la blessure n'est pas trop importante, vous pouvez la soigner vous-même. Mais si elle est profonde et si vous n'êtes pas sûr que les vaccinations sont bien à jour, ou même si vous soupçonnez l'animal d'être atteint de la rage, allez d'urgence à l'hôpital pour faire vacciner et soigner la personne qui s'est fait mordre. Ce sont les enfants à qui cela arrive le plus souvent...

• **Si la morsure n'est pas trop profonde,** lavez abondamment la plaie à l'eau courante et au savon. Puis désinfectez-la avec un produit qui ne pique pas (*eau oxygénée, Mercryl Laurylé, Dermaspray,* etc.). Enfin, appliquez un pansement micropore stérile pour éviter que la plaie ne s'infecte.

• **Les chiens et les chats peuvent également transmettre par leur salive, un microbe appelé pasteurelle.** Dans les trois ou quatre heures qui suivent la morsure, ce microbe entraîne une douleur très violente au niveau de la plaie, suivie de phénomènes inflammatoires. Si vous constatez ces symptômes, conduisez le blessé à l'hôpital pour qu'on lui pratique, sous anesthésie locale ou générale, un nettoyage approfondi et méticuleux.

Piqûres de serpent

Quant aux serpents, souvenez-vous qu'en France, les seuls serpents venimeux sont les vipères, à ne pas confondre avec l'inoffensive couleuvre. Les premières ont la tête triangulaire. Leur morsure, qui n'est d'abord pas douloureuse, se présente sous la forme de deux petites piqûres espacées de cinq à dix millimètres, d'où peut s'écouler une rosée teintée de sang. Mais en quelques minutes, la douleur arrive, il se forme un œdème et une sensation d'angoisse apparaît.

• La première chose à faire est d'**appeler un médecin** ou les urgences.

• En les attendant, **allongez la personne** et demandez-lui de ne pas bouger pour éviter que le venin ne se diffuse dans l'organisme.

• Si vous êtes près d'une zone habitée, vous pouvez mettre **une vessie de glace** sur la morsure car le froid a la propriété de diminuer la vitesse de propagation du poison.

IDÉES REÇUES

Ne faites ni garrot ni incision pour aspirer le venin.

• **Lavez la plaie** à l'eau et au savon et posez un pansement compressif (c'est-à-dire un bandage assez serré) sur la blessure. Quand le médecin arrivera, il injectera une forte dose de corticoïdes et un vaccin antitétanique. L'injection de sérum antivenimeux se fera plus tard pour éviter le choc allergique. L'hospitalisation n'est pas nécessaire, sauf si la vipère a mordu à plusieurs reprises le visage et le cou.

• **Si vous êtes en promenade,** loin de toute habitation, et que vous ne puissiez appeler un médecin, immobilisez la partie du corps mordue, exactement comme s'il s'agissait d'une fracture (voir page 85), ceci pour éviter au maximum la diffusion du venin dans l'organisme. Recouvrez la blessure d'un pansement et emmenez le plus vite possible à l'hôpital la personne mordue.

N

Nouveau-né

Voir *Accouchement surprise.*

Noyade

Les noyades représentent, après les accidents de la circulation la deuxième cause mondiale de décès accidentels. **Dans plus de 50 % des cas, elles frappent les jeunes de moins de 25 ans, et en particulier les jeunes enfants** Avant donc de découvrir les gestes qui sauvent, il faut à tout prix prendre conscience de l'importance des mesures préventives : expliquer aux jeunes les risques qu'ils encourent et mieux surveiller les petits. Il existe de nombreuses causes de noyade : la personne qui tombe à l'eau ne sait pas nager, ou bien le nageur prend des risques inutiles, ou bien encore il se laisse surprendre par le courant. Il arrive également que des nageurs confirmés se noient à la suite d'un épuisement physique.

La noyade est une asphyxie par inhalation d'eau, douce ou salée, dans les alvéoles pulmonaires. Les voies respiratoires ne recevant plus d'air, le sang n'est plus alimenté en oxygène, ce qui entraîne rapidement un arrêt cardiaque.

• **Si la personne qui se noie est encore dans l'eau**, il faut aller la chercher au plus vite. Ce type de sauvetage est une opération délicate car le noyé, apeuré, peut se débattre et entraîner son sauveteur au fond de l'eau avec lui. Si vous êtes bon nageur et avez déjà appris les techniques du sauvetage, vous pouvez vous lancer. Mais si vous n'êtes pas sûr de vous, mieux vaut avertir au plus vite le service de surveillance (s'il y en a un) ou chercher un meilleur nageur que vous.

• **Une fois que le noyé est ramené au sec sur le rivage**, couchez-le sur le dos et tournez sa tête sur le côté. S'il n'a pas avalé trop d'eau, comprimez doucement sa paroi abdominale pour l'aider à évacuer toute l'eau ingérée. Mais si l'eau a pénétré dans ses voies respiratoires, il faut immédiatement lui faire la respiration artificielle (voir page 41), tout en l'aidant à évacuer l'eau qu'il a avalée, comme indiqué ci-dessus.

• **Lorsque la personne est tirée d'affaire**, il faut malgré tout la conduire à l'hôpital ou chez un médecin pour la mettre sous surveillance médicale. En effet, toute inhalation d'eau, salée ou non, peut entraîner des troubles pulmonaires et, souvent, une surinfection secondaire.

O

Obstruction des voies respiratoires

Les voies respiratoires peuvent s'obstruer par exemple lorsqu'on avale «de travers», et qu'un morceau d'aliment passe alors, par inadvertance, dans la trachée artère, au lieu de prendre la bonne direction.

• **Si la personne n'arrive pas à évacuer elle-même l'intrus**, en toussant ou en crachant, dites-lui de se pencher en avant, la tête plus basse que la poitrine, et mettez-lui votre pouce et votre index dans le fond de la gorge, en crochet, pour essayer de déloger ce qui bouche la trachée artère. Faites bien attention à ne pas l'enfoncer encore plus...

• Si vous n'y arrivez pas, essayez ce que l'on appelle « **la méthode d'Heimlich** », comme le montre le dessin ci-dessous. Placez-vous derrière la personne en glissant votre bras droit (si vous êtes droitier) sur son abdomen, votre poing appuyé sur son estomac, juste sous le sternum. Puis placez votre main gauche sur votre poing droit. Dites à la personne de se pencher en avant, la tête en bas, puis tirez brusquement vos deux mains vers vous afin de chasser d'un seul coup l'air de ses poumons et d'évacuer ainsi l'intrus. Recommencez l'opération plusieurs fois si nécessaire.

• Il arrive parfois que, **même une fois le corps étranger sorti,** la personne continue à s'étouffer ou soit inconsciente. Dans ce cas, faites-lui la respiration artificielle (voir page 41).

MÉTHODE DE HEIMLICH

A utiliser en cas d'obstruction des voies respiratoires.

Occlusion intestinale

La complication la plus grave qu'entraîne parfois une période de constipation totale est l'occlusion intestinale. C'est le blocage complet du transit intestinal. L'air et les gaz, accumulés à l'intérieur des intestins, risquent de les distendre, ce qui fait gonfler le ventre. Des microbes intestinaux peuvent alors entraîner une péritonite (inflammation du péritoine). Le patient souffre de fortes douleurs spasmodiques au niveau du ventre, accompagnées de vomissements.

• **L'occlusion intestinale est une urgence grave qu'il faut opérer immédiatement.**

• **Ne donnez surtout rien à boire ou à manger** au malade en état de crise, car il va être prochainement anesthésié. A part cela, il n'y a rien d'autre à faire que d'appeler d'urgence un médecin qui confirmera (ou non) le diagnostic, et fera venir une ambulance.

Œil (projection d'un corps étranger)

Voir *Corps étranger* dans l'œil.

Overdose

Lorsqu'un toxicomane s'est injecté, en intraveineuse, une trop forte dose d'héroïne, il risque de faire une «overdose», selon l'expression anglo-saxonne, ou ce que les médecins appellent une surdose. L'overdose ne concerne que **l'héroïne** : en effet, **la cocaïne** peut provoquer de fortes palpitations, mais est rarement mortelle, car très peu utilisée en intraveineuse. Quant aux trop fortes doses de **médicaments**, elles s'apparentent aux empoisonnements (voir ce mot).

• S'il vous arrive d'être le témoin d'une overdose d'héroïne, sachez que le principal risque encouru par le toxicomane est **l'arrêt respiratoire**.

• En attendant les secours, il faut donc, par tous les moyens, **éviter qu'il ne s'endorme**. Pour cela, faites-lui boire du café très fort, aspergez-le d'eau, faites-le marcher, faites-lui des massages pour faciliter sa circulation sanguine et n'hésitez pas, s'il a tendance à s'endormir malgré tout, à lui donner des gifles.

• **Il est indispensable d'appeler les urgences** car ce n'est pas toujours l'héroïne la principale responsable de l'intoxication. En effet, il faut savoir que l'héroïne n'est pas vendue pure mais coupée avec des produits parfois très dangereux, comme la strichnine par exemple, qui empoisonnent l'organisme. Et plus elle est coupée, plus elle est dangereuse. C'est donc en milieu hospitalier que l'on saura le mieux traiter une surdose d'héroïne.

P

Paludisme (crise de)

Cette maladie sévit toujours dans de nombreux pays tropicaux, notamment ceux où vivent les anophèles, moustiques vecteurs du paludisme. Et même si vous avez pris consciencieusement votre quinine (médicament antipaludéen), les risques ne sont pas totalement écartés car il existe un parasite, le plasmodium, qui est résistant à la quinine et peut provoquer la maladie.

Le paludisme évolue en deux phases distinctes.

• **La première phase** débute une à trois semaines après la contamination. Elle se traduit par une fièvre progressive irrégulière, accompagnée de maux de tête, de courbatures, de nausées, de vomissements et parfois de diarrhée. Si vous constatez ce genre de symptômes après un retour de voyage, dites-le à votre médecin qui cherchera la présence de paludisme grâce à un examen approprié (goutte épaisse).

• **La deuxième phase** est plus spectaculaire et plus éloignée dans le temps. Ce sont les crises proprement dites. Leur périodicité et leur gravité dépendent de la variété de paludisme en cause. La fièvre est très élevée, accompagnée de signes d'origine méningée (maux de tête, raideur de la nuque), frissons, sueurs, sensations de malaise.

En attendant le médecin, vous pouvez agir utilement en essayant de faire un peu tomber la fièvre (voir ce mot).

Panaris

Le panaris est une infection localisée à l'extrémité d'un doigt. Il survient à la suite d'une petite blessure (piqûre d'épingle, ongle rongé profondément, soins de manucure mal faits, avec des outils non stérilisés, etc.). Il s'ensuivra une infection due, le plus souvent, au staphylocoque doré ou au streptocoque. Ce n'est pas l'infection qui est la plus grave en cas de panaris, mais sa localisation. En effet, plus il est proche des tendons, des os et des articulations, et plus est grand le risque de lésion, partielle ou totale, du doigt atteint, et ce dans un délai rapide. Aussi, **il faut agir vite pour ne pas laisser le panaris dégénérer**.

• Au début, le panaris est une simple rougeur douloureuse, un peu enflée et chaude au toucher. Puis un point blanc apparaît (le classique mal blanc), la douleur devient vive et lancinante, jusqu'à gêner le sommeil.

• **Si on ne fait rien**, le panaris peut s'ouvrir et évacuer son pus, mais en même temps, gagner en profondeur et infecter l'os ou l'articulation, de façon irréversible. C'est pourquoi il faut consulter rapidement un médecin : plus on attend et plus les conséquences peuvent être graves, allant même jusqu'à l'amputation du doigt.

• **Si le panaris est pris suffisamment à temps**, le médecin pratiquera une excision chirurgicale, sous anesthésie locale, et nettoiera la plaie en profondeur.

Pansement adhésif

Ils sont très pratiques pour les petites blessures qui saignent peu. Ils existent de plusieurs formes et dimensions. En général, ils sont présentés individuellement, dans des emballages stériles. **Les «micropores»** ont l'avantage sur les autres de laisser passer l'air, ce qui permet à la plaie de «respirer» et de cicatriser plus vite. Avant d'appliquer ce type de pansement, lavez-vous et séchez-vous les mains pour éviter l'infection. Sortez le pansement de son emballage, en le tenant par les extrémités, sans toucher le carré de cellulose. Retirez les papiers protecteurs posés sur les parties adhésives, et collez le pansement en place, de façon que la plaie soit en contact avec la cellulose.

Pansement avec de la gaze

Ce type de pansement léger permet de laisser passer l'air et donc de favoriser la cicatrisation. En pharmacie, la gaze est soit vendue dans un emballage en carton, non stérile, soit sous emballage hermétique stérile. Les compresses de gaze ne s'utilisent que pour les pansements légers et lorsque le pansement stérile (voir ci-dessous) n'est pas nécessaire. Retirez la gaze de son emballage en la tenant par les côtés et posez-la directement sur la plaie. N'hésitez pas à en mettre plusieurs couches si c'est nécessaire. Si la plaie saigne beaucoup, vous pouvez mettre sur la gaze un morceau de coton, puis terminer par une compresse de gaze, avant de fixer le pansement. Pour cela, coupez deux bandes de sparadrap et collez-les de chaque côté de la gaze. N'en mettez pas trop car il faut les enlever pour changer le pansement et ce n'est pas très agréable... (voir croquis).

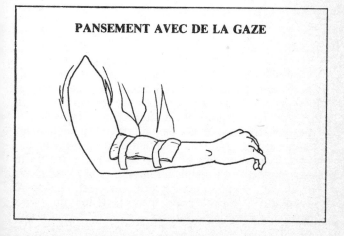

PANSEMENT AVEC DE LA GAZE

Pansement stérile
(sans pommade)

Pour faire un pansement stérile, il faut superposer plusieurs couches de gaze (stérile) directement sur la plaie, les recouvrir d'un morceau de coton plus ou moins grand, selon la partie à panser, et fixer le tout en enroulant une bande Velpeau autour du membre blessé. C'est le type de pansement idéal pour les plaies au bras ou à la jambe. N'oubliez pas qu'une fois que l'emballage hermétique de la gaze est ouvert, celle-ci n'est plus stérile.

Péritoine (percement)

Recevoir dans le ventre une arme ou un outil tranchant suffisamment fort et profondément pour percer le péritoine (membrane qui entoure les intestins) est heureusement un accident assez rare dans la vie courante. Sauf en cas de guerre, d'agression, d'attentat ou d'explosion.

Ce peut être aussi un accident du travail. Evidemment, c'est une urgence majeure. **Il ne faut absolument rien donner à boire ou à manger au blessé** car il va être transporté le plus rapidement possible à l'hôpital (par vos soins ou ceux de l'ambulance que vous aurez appelée), puis opéré sous anesthésie générale pour réparer les lésions qu'il aura subies (voir *Plaies à l'abdomen*).

Péritonite

C'est une infection aiguë du péritoine et l'inflammation de toute la région qu'il occupe. Elle peut survenir à la suite d'une appendicite qui n'a pas été opérée à temps, de la perforation d'un ulcère gastro-duodénal ou d'une partie de l'intestin, ou encore à la suite d'une infection de la vésicule.

Les douleurs abdominales sont violentes, accompagnées d'une forte fièvre et d'une perturbation du transit intestinal (arrêt des selles ou diarrhées). De plus, le ventre est très dur car contracté. Le médecin déterminera les causes qui ont provoqué la péritonite selon certains symptômes spécifiques qu'il saura déceler.

• **L'opération chirurgicale est urgente** pour que l'infection cesse de s'étendre. Dans les plus brefs délais, le malade va subir une anesthésie générale, **il ne faut donc rien lui donner à boire**, malgré la soif qu'il manifestera, **ni à manger**.

• En attendant les secours, ou lorsque vous conduirez le malade à l'hôpital, vous pouvez atténuer ses douleurs en lui mettant **une vessie de glace** sur le ventre (voir page 57).

Piqûres (d'animaux)

Les animaux sont nos amis. Du moins, la plupart d'entre eux. Pourtant, lorsqu'ils ont peur ou défendent leur territoire, certains peuvent être redoutables. D'autres encore piquent pour se nourrir.

Les bêtes qui volent

Les guêpes, les abeilles, les frelons, les taons ou les insupportables moustiques sont les principaux insectes piqueurs.

Leurs piqûres sont souvent douloureuses mais rarement dangereuses en France, surtout en ce qui concerne les moustiques.

Elles le deviennent quand elles touchent des zones sensibles telles que **la bouche** et **la gorge**, provoquant alors un œdème asphyxiant, ou **quand elles sont nombreuses** : le seuil mortel, en ce qui concerne **la guêpe**, se situe entre cent et trois cents piqûres simultanées, mais il est atteint par trois piqûres seulement en ce qui concerne **le frelon**.

● **Lorsque la piqûre entraîne une douleur sans autre réaction**, vous pouvez simplement appliquer dessus des glaçons, une compresse imbibée de vinaigre ou une pommade à la cortisone. Il faut ensuite extraire le dard avec les doigts ou une pince à épiler. N'essayez pas de presser la peau pour le faire sortir, ou de l'arracher à tout prix.

● **Si la piqûre est située dans une zone dangereuse**, si la douleur subsiste et s'amplifie les jours suivants, s'il y a une réaction allergique, des suées, des vomissements ou des difficultés respiratoires, allez immédiatement à l'hôpital le plus proche.

Les bêtes qui nagent

Les agresseurs marins les plus courants en France sont les **méduses** et les **oursins**. Les filaments des méduses, en contact avec la peau, libèrent leur venin, ce qui entraîne démangeaisons et brûlures douloureuses. Quant aux oursins, c'est lorsqu'on marche dessus qu'ils piquent.

• **Pour soigner une plaie provoquée par une méduse**, il faut d'abord la laver à l'eau de mer, puis avec de l'eau et du savon et, enfin, la désinfecter à l'alcool à 60° et appliquer une pommade à la cortisone. Dans les cas plus graves, le médecin prescrira de la cortisone.

• **Quant aux piqûres d'oursins**, il faut d'abord appliquer une vaseline antiseptique pour ramollir la peau puis, quelques heures après, ôter les épines avec une pince à épiler et, enfin, désinfecter.

Plaies

Le mot «plaie» recouvre différentes sortes de blessures.

• **L'écorchure** est une petite lésion superficielle de la peau.

• **La coupure**, faite avec un objet très tranchant, un couteau, un outil ou une arme blanche, peut saigner beaucoup et même provoquer une hémorragie.

• **La lacération** est une déchirure de l'épiderme pouvant entraîner des lésions au niveau du derme. Les bords de la plaie sont souvent irréguliers et les risques d'infection importants, surtout si la blessure a été provoquée par un objet plus ou moins rouillé, ou par la morsure d'un animal. Souvent, de par l'irrégularité de la blessure, les cicatrices restent assez visibles, même si la plaie a été suturée rapidement.

• **La perforation** est une blessure plus ou moins profonde, provoquée par une aiguille (piqûre), un objet pointu ou une arme à feu. Bien sûr, les dangers d'infection sont grands car les microbes peuvent pénétrer profondément dans la chair. En plus des soins spécifiques d'une plaie, il est plus prudent de conduire le blessé se faire faire une piqûre antitétanique.

• **En cas de coupure simple**, il faut d'abord arrêter le saignement ou l'hémorragie (voir page 101). Lavez-vous ensuite soigneusement les mains, nettoyez la plaie, avec un produit désinfectant qui ne pique pas, et faites un pansement, adapté au type de blessure (voir page 126).

Les plaies à l'œil

• **Ne mettez aucune goutte dans l'œil** blessé sans qu'elles ne vous aient été prescrites par un médecin. Recouvrez-le d'un pansement, puis d'un bandage, pour le protéger en attendant que les secours arrivent.

• **Si la blessure est grave** ou si un corps étranger y est resté, n'essayez surtout pas de l'enlever vous-même, mais bandez les deux yeux pour que l'œil blessé ne bouge pas au rythme de celui qui ne l'est pas. Allongez le blessé et calez-lui bien la tête pour éviter qu'il ne la bouge, ce qui pourrait aggraver la blessure.

Les plaies à l'abdomen

Ces plaies sont souvent graves car elles entraînent la lésion ou la perforation d'organes internes vitaux. Il faut donc **prévenir au plus vite les urgences** pour que le blessé puisse être conduit à l'hôpital et opéré sans tarder.

• **Mais en attendant**, allongez-le sur le dos et surélevez-lui légèrement les épaules grâce à un coussin ou un vêtement roulé. Inclinez sa tête sur le côté pour le cas où il se mettrait à vomir. Mettez-lui également quelques coussins sous les genoux de façon que ses jambes soient légèrement fléchies et surélevées : ainsi, la plaie ne s'ouvrira pas davantage.

• Si la blessure a été provoquée par **un objet qui se trouve toujours dans la plaie**, n'essayez pas de l'enlever. Vous risqueriez d'aggraver encore le mal. Couvrez la plaie d'une épaisse couche de gaze, stérile si possible (voir croquis). Si jamais un morceau d'intestin sort de la plaie, n'essayez surtout pas de le rentrer, mais posez dessus de la gaze stérile humide ou un linge très propre, humide également.

• **Si le blessé est en état de choc,** voyez page 80 comment vous pouvez l'atténuer.

PANSEMENT POUR UNE PLAIE À L'ABDOMEN

Les plaies au thorax

La cage thoracique protège, entre autres, les poumons, et une plaie profonde peut percer l'un des deux. Il se replie alors sur lui-même, comme un ballon qui se dégonfle, et ne fonctionne plus. L'autre poumon continue à assumer sa fonction mais il peut être gêné dans sa tâche par l'air pénétrant dans la cage thoracique, à travers l'ouverture de la blessure. De ce fait, le sang est privé d'oxygène et le blessé est en danger.

• Allongez-le en surélevant sa tête et ses épaules, et inclinez légèrement son corps du côté de la blessure. Pour éviter que l'air ne pénètre dans la cage thoracique, mettez sur la blessure une importante couche de gaze stérile et maintenez-la avec du sparadrap. Recouvrez le tout d'un sac en plastique dont les bords seront « hermétiquement » collés sur la peau grâce à des bandes adhésives (voir croquis).

• **Si le blessé perd connaissance**, placez-le dans la position latérale de sécurité (voir page 27), tout en appuyant le côté blessé sur un coussin pour atténuer la douleur et éviter que la blessure ne s'ouvre davantage. Le poumon en bon état fonctionnera mieux dans cette position.

• **Le blessé doit être conduit de toute urgence à l'hôpital.**

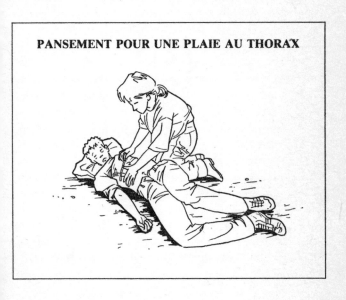

PANSEMENT POUR UNE PLAIE AU THORAX

Pneumothorax

Le pneumothorax se définit par la présence anormale d'air entre les poumons et la cage thoracique, voire le percement du poumon (voir ci-dessus, *Plaies au thorax*). Il peut survenir à la suite d'une blessure, mais aussi d'une forte contusion (une côte cassée peut perforer le poumon) ou d'un effort physique particulièrement intense.

• **Les soins ne peuvent être prodigués qu'en milieu hospitalier.** Quant à la conduite à tenir en attendant les secours, reportez-vous au paragraphe précédent.

R

Rage

De nombreux animaux peuvent transmettre la rage. Mais les plus courants sont **le renard, le chien, le chat** et **les animaux de la ferme.**

• **Si vous êtes mordu par un animal,** quel qu'il soit, même un animal domestique, il faut laver la plaie à l'eau courante et au savon, la désinfecter avec un produit qui ne pique pas et aller voir un médecin. Celui-ci ne suturera pas la blessure avant d'être sûr que l'animal n'est pas porteur du virus de la rage. Toutefois, il pourra vous prescrire des antibiotiques et, éventuellement, une piqûre antitétanique.

• **Si l'animal est enragé** (ou soupçonné de l'être) ou en fuite, vous devez vous rendre au plus vite dans le centre antirabique le plus proche : on vous fera des injections de sérum et de vaccins antirabiques.

• **La prévention contre la rage est difficile :** les cas de rage déclarés sur des humains, heureusement, sont très rares, mais la rage animale ne cesse de progresser. Donc, **si vous**

vous trouvez en présence d'un animal mort, n'y touchez surtout pas, de même face à **des animaux malades** qui ont du mal à déglutir.

• **Si votre chien ou votre chat s'est battu avec un animal sauvage,** mettez des gants jetables pour soigner ses blessures car elles ont pu être infectées par la salive de l'animal, s'il a été contaminé.

Respiration artificielle

Voir page 41.

S

Saignements de la bouche

Le réseau sanguin qui sillonne la bouche est très important, c'est pourquoi, à la suite d'une blessure, elle peut se mettre à saigner abondamment. La plupart du temps, ce sont les dents qui, sous le choc, heurtent les lèvres, la langue ou l'intérieur des joues, et les font saigner.

• Faites asseoir le blessé sur une chaise, avec une cuvette sur les genoux, et demandez-lui de pencher la tête en avant, légèrement inclinée du côté de la blessure. Donnez-lui une compresse ou un mouchoir (très propre) qu'il appliquera sur sa plaie. Vous pouvez également lui donner un glaçon à sucer, car le froid comprime les vaisseaux et peut donc arrêter le sang.

• **S'il saigne beaucoup**, dites-lui de cracher dans la cuvette car avaler ce sang pourrait le faire vomir.

• **Si, au bout de vingt minutes, le blessé continue à saigner**, emmenez-le chez un médecin ou à l'hôpital.

• **Une fois que le saignement est stoppé**, ne donnez rien à boire ni à manger au blessé pendant au moins deux heures, cela pourrait rouvrir sa plaie. Une fois les deux heures écoulées, vous pouvez lui donner un peu d'eau ou une boisson froide, s'il a soif, mais surtout pas d'alcool. Quant aux boissons chaudes, il faut attendre douze heures avant de pouvoir lui en donner.

Saignements de l'oreille

Ils peuvent se produire à la suite d'un faux mouvement dans l'oreille avec un coton-tige (ces bâtonnets ne devraient jamais servir pour le nettoyage des oreilles), d'une rupture du tympan, d'une infection ou d'une blessure du conduit auditif. Un plongeon ou une explosion peuvent également rompre le tympan. Seul un médecin peut le « réparer » avec un tout petit auto-collant spécial.

• **En attendant,** faites pencher la tête du blessé du côté de l'oreille qui saigne, afin que le sang s'évacue et ne forme pas un bouchon, puis couvrez-lui l'oreille avec une compresse maintenue par un bandage. Ne mettez ni coton ni quoi que ce soit dans l'oreille pour arrêter le sang, vous risqueriez d'aggraver les choses.

Saignements de nez (épistaxis)

IDÉES REÇUES

Il ne faut surtout pas faire pencher la tête en arrière et mettre un coton dans la narine pour arrêter le sang.

• Faites asseoir la personne qui saigne du nez sur une chaise, protégez ses vêtements en lui mettant une serviette autour du cou, donnez-lui un petit récipient et faites-lui pencher la tête en avant. Demandez-lui de se pincer très fort le nez pendant une quinzaine de minutes, et de respirer par la bouche.

• Si le saignement ne s'est pas arrêté après ce laps de temps, il faut que le blessé continue à se pincer le nez.

• **Au-delà d'une demi-heure**, conduisez-le chez le médecin ou à l'hôpital.

• **Si le saignement a été provoqué par un choc ou une blessure**, ne procédez pas comme ci-dessus mais appliquez sur le nez un mouchoir enroulé autour d'un glaçon. Cela arrêtera le saignement, tandis que pincer le nez ne ferait que l'aggraver.

• **Si du sang coule dans la bouche du blessé**, faites-le cracher dans une cuvette car avaler le sang pourrait le faire vomir.

• **Lorsque le saignement est arrêté**, le blessé ne devra pas toucher son nez pendant au moins quatre heures afin de laisser un caillot solide se former.

Section d'un membre

Toute personne utilisant des instruments tranchants ou des outils du type tronçonneuse, scies électriques, toupies, etc. court le risque, un jour ou l'autre, de se sectionner un doigt. C'est pourquoi ces outils doivent être maniés avec la plus grande prudence. L'anodine tondeuse à gazon peut aussi se montrer très dangereuse si vous essayez de dégager ses pales bloquées par de l'herbe mouillée, sans avoir arrêté ou débranché le moteur.

• En cas d'accident, il faut conduire au plus vite le blessé dans un service spécialisé de la main (téléphonez à SOS-Main pour connaître l'hôpital le plus proche) ou appelez les urgences. Attention : **on ne dispose que de quatre à six heures pour pouvoir remettre le membre en place**, grâce à la microchirurgie vasculaire et nerveuse.

• **En attendant les secours**, ou avant d'emmener vous-même le blessé, votre toute première tâche est **d'arrêter l'hémorragie** (voir ce mot) et de **réduire l'état de choc** le cas échéant (voir *Etat de choc*).

• **Ramassez ensuite l'extrémité sectionnée et conditionnez-la convenablement**. En effet, elle n'est plus irriguée par le sang, elle est ce que l'on appelle «dévascularisée». Pour que la microchirurgie soit efficace, et pour éviter les lésions ultérieures, il faut donc la «préparer» soigneusement. Tout d'abord, enveloppez le membre sectionné dans un linge parfaitement propre ou, mieux, dans des compresses de gaze stérile. Ensuite, glissez-le dans un premier petit sac en plastique que vous fermerez de façon hermétique. Puis remplissez de glaçons un deuxième sac en plastique (étanche) et mettez-y le membre enveloppé : sa température s'abaissera à 4° environ. Cette réfrigération est indispensable pour que la réimplantation se passe le mieux possible.

Spasmophilie

Voir *Tétanie*.

T

Tachycardie

Lorsque tout va bien, le cœur bat à un rythme régulier et assume ses fonctions discrètement, sans se faire remarquer. Mais pour toutes sortes de raisons différentes (effort intensif, manque d'oxygène, angoisse, prise d'un produit toxique, maladie...), il peut se mettre à battre très vite, d'un seul coup ou progressivement. On souffre alors de tachycardie. Ces crises sont souvent très impressionnantes pour celui qui les vit.

• **Il existe quelques moyens «mécaniques» pour stopper une crise,** notamment faire des efforts pour vomir, presser ses globes oculaires, paupières fermées, avec la partie charnue des pouces, ou encore avaler un grand verre d'eau glacée.

• **Mais si la crise ne se calme pas,** appelez les urgences : le médecin fera une intraveineuse avec un médicament qui la stoppera presque instantanément.

• **Lorsque ces crises sont régulières,** il faut consulter un médecin qui en déterminera les causes pour stopper les effets.

Tétanie (crise de)

Toutes les situations qui font baisser le taux de calcium dans le sang ou élèvent son acidité provoquent des contractures dans les membres et, notamment, aux extrémités. Lorsque cela se produit, on fait une **crise de tétanie**.

• La **spasmophilie** est censée être une forme mineure de tétanie. En cas de spasmophilie, le système neuro-musculaire est agité en permanence, mais l'acidité du sang et son taux de calcium sont normaux. Cependant, la spasmophilie englobe une telle quantité de symptômes, que l'on glisse sous ce nom un grand nombre de maux difficiles à «classer» ailleurs : maux de tête, anxiété, nervosité, palpitations, fourmillements des extrémités, frilosités, troubles du sommeil, douleurs thoraciques, troubles digestifs, crampes, tendance dépressive etc. Une sensation de fatigue générale aussi. De nombreuses recherches et analyses sont effectuées sur les spasmophiles, mais rien ne peut, jusqu'à présent, être confirmé de manière constante. Certains voient dans ces malaises des symptômes d'anxiété, d'autres ont même prononcé le terme de «névrose hystérique»... Le traitement de la spasmophilie associe souvent du magnésium, de la vitamine D, des bêta-bloquants (médicaments qui ont pour effet d'empêcher l'accélération du cœur) et des anxiolytiques. Mais ce n'est pas toujours gagné.

• **Quant aux crises de tétanie**, elles sont provoquées par un manque de calcium et une élévation de l'acidité du sang. Un traitement spécifique en viendra très rapidement à bout.

Tétanos

Vous savez qu'une blessure provoquée par un outil rouillé peut entraîner le tétanos. Mais savez-vous que les spores tétaniques sont partout, notamment dans et sur le sol, et qu'à la moindre blessure au pied, ils peuvent la contaminer, même si on ne marche pas pieds nus dans la terre?

• On déplore encore de nombreux accidents mortels, chaque année, à cause du tétanos, alors qu'il est si simple de se faire vacciner (et de se faire faire les rappels, car l'âge n'immunise pas contre cette maladie...).

• C'est pourquoi, **en cas de blessure cutanée,** il est toujours plus prudent de faire faire une piqûre antitétanique, après avoir méticuleusement soigné et pansé la plaie (voir pages 126 et 132).

Traumatisme crânien

Les traumatismes sont une lésion ou une blessure provoquée par une chute ou un choc violent. Ils peuvent aller de la simple bosse, sans aucune gravité, jusqu'à des lésions graves, même s'il n'y a pas de plaie sur le crâne. En effet, le cerveau peut être comprimé, à l'intérieur de la boîte crânienne, par un hématome qui se forme dans le cerveau lui-même, ou entre le crâne et le cerveau. C'est pourquoi il faut être très prudent en cas de choc sur la tête et faire faire des radios pour s'assurer qu'il n'y a rien de grave, notamment chez les enfants.

• **Quelques symptômes extérieurs peuvent donner une idée de la gravité** du traumatisme : perte ou troubles de la conscience, même momentanés, difficultés motrices, désorientation, déséquilibre, troubles de la respiration, somnolence ou, au contraire, agitation avec vomissements éventuels, maux de tête, saignements du nez ou des oreilles, état de faiblesse physique. Le moindre de ces symptômes doit vous donner l'alerte et vous inciter à consulter immédiatement un médecin. N'oubliez pas que tout ce qui touche au cerveau peut entraîner des lésions irréversibles. Toutefois, rassurez-vous, l'immense majorité des traumatismes crâniens sont bénins. Ce qui ne dispense pas de connaître les gestes qui sauvent en cas de traumatisme important.

• Tout d'abord, il faut **prévenir l'état de choc** ou le minimiser s'il se présente (voir page 80). Si le blessé a perdu connaissance, placez-le dans la position latérale de sécurité (voir page 27) et appelez immédiatement les urgences ou un médecin. Pansez les plaies pour éviter l'infection (voir page 126 et page 132).

• S'il s'agit d'un motard et que vous craignez une blessure à la tête, **ne lui enlevez son casque sous aucun prétexte**, c'est à un médecin de prendre cette responsabilité.

• **Si vous remarquez qu'un liquide incolore ou du sang s'écoule par le nez ou par les oreilles,** cela peut être le signe d'une fracture du crâne. Il n'y a alors rien d'autre à faire, en attendant les secours, que d'allonger le blessé en surélevant légèrement sa tête et ses épaules avec un coussin ou un vêtement roulé, et de lui incliner la tête du côté de l'écoulement.

Traumatisme dentaire

Lorsque quelqu'un a reçu un choc violent sur les dents, des séquelles sont à craindre, surtout si les dents sont branlantes ou se déchaussent.

• **S'il s'agit d'un enfant**, il est parfois possible de lui faire une «autogreffe», en repositionnant la ou les dents touchées, c'est-à-dire en réinsérant la racine dans l'os. Cette intervention, si elle est pratiquée (par un dentiste professionnel...) rapidement après l'accident, a des chances de réussir.

• **Si la dent est déchaussée** et ne tient plus, le dentiste la fixera à la dent voisine avec un petit fil de fer, en attendant que la consolidation naturelle se fasse.

• **Si la dent est complètement arrachée**, il faut soigneusement rincer la bouche avec de l'eau du robinet, puis la désinfecter avec un produit spécial (type *Hextril*).

• **Si les mâchoires sont fracturées**, il faut emmener d'urgence le blessé à l'hôpital (voir page 93 pour connaître les premiers gestes).

Traumatisme oculaire

Ils sont très fréquents lorsque le choc s'est produit dans la région de l'œil.

• **Ils sont le plus souvent bénins** et n'entraînent qu'un œdème (amoncellement localisé d'eau et de sel dans une partie du corps, formant un gonflement plus ou moins important). Il suffit alors d'appliquer des compresses d'eau glacée qui résorberont l'œdème. Pour accélérer son dégonflement, vous pouvez aussi conseiller au blessé de dormir dans une position semi-assise, avec plusieurs oreillers derrière lui.

• Toutefois, **certains signes sont plus inquiétants** et doivent vous alerter. Notamment, l'existence d'une plaie dans l'œil ou le décollement de la rétine. Si le blessé voit double ou si un hématome apparaît dans le blanc de son œil, il faut le conduire au plus vite à l'hôpital le plus proche ou chez un ophtalmologiste. Pour connaître les précautions à prendre avant de l'emmener, reportez-vous page 133 *(Plaies à l'œil)*.

CONCLUSION

A présent, vous voici en mesure de faire face à la plupart des situations de la vie courante qui demandent sang-froid, dextérité et précision, pour éviter que les choses ne s'aggravent.

Toutefois, ce guide n'a pas la prétention de vous avoir mis entre les mains tout le savoir des secouristes diplômés, il faudrait pour cela compléter les connaissances théoriques que vous avez acquises ici par des cours de secourisme.

Il faut également bien faire la différence entre un « Guide des premiers soins » et l'urgence médicale ou chirurgicale à laquelle vous ne pouvez vous substituer. D'ailleurs, à chaque situation délicate décrite dans ce livre, il est rappelé que vous devez faire appel aux services d'urgence spécialisés.

L'automédication est un danger dans lequel il ne faut pas tomber. Ce guide vous permet donc de choisir les bons gestes, au bon moment, en cas d'accident ou de crise, d'attendre les secours en étant le plus efficace possible et, surtout, de respecter le tout premier précepte de la médecine d'urgence : « Primum non nocere » ou, si comme moi vous n'êtes pas un latiniste accompli : « D'abord, ne pas nuire »...

Vos notes personnelles

Vos notes personnelles

Vos notes personnelles

TABLE DES MATIÈRES

IMPRESSION : BUSSIÈRE S.A., SAINT-AMAND (CHER). — N° 10353
D. L. JANVIER 1990/0099/1
ISBN 2-501-01299-2
Imprimé en France